Der Schutz von in der Popularmusik
verwendeten elektronisch erzeugten Einzelsounds
nach dem Urheberrechtsgesetz und dem Gesetz
gegen den unlauteren Wettbewerb

Europäische Hochschulschriften
Publications Universitaires Européennes
European University Studies

Reihe II
Rechtswissenschaft

Série II Series II
Droit
Law

Bd./Vol. 2495

PETER LANG
Frankfurt am Main · Berlin · Bern · New York · Paris · Wien

Heiner Bindhardt

Der Schutz von in der Popularmusik verwendeten elektronisch erzeugten Einzelsounds nach dem Urheberrechtsgesetz und dem Gesetz gegen den unlauteren Wettbewerb

PETER LANG
Europäischer Verlag der Wissenschaften

Die Deutsche Bibliothek - CIP-Einheitsaufnahme

Bindhardt, Heiner:

Der Schutz von in der Popularmusik verwendeten elektronisch erzeugten Einzelsounds nach dem Urheberrechtsgesetz und dem Gesetz gegen den unlauteren Wettbewerb / Heiner Bindhardt. - Frankfurt am Main ; Berlin ; Bern ; New York ; Paris ; Wien : Lang, 1998
(Europäische Hochschulschriften : Reihe 2, Rechtswissenschaft ; Bd. 2495)
Zugl.: Gießen, Univ., Diss., 1998
ISBN 3-631-33696-9

D 26
ISSN 0531-7312
ISBN 3-631-33696-9

Vorwort

Die Entwicklung elektronischer Musikinstrumente hat zu völlig neuen Möglichkeiten im Bereich der Klangerzeugung und Klanggestaltung geführt. Ob bzw. welche Konsequenzen dies für einen rechtlichen Schutz der mit Hilfe dieser elektronischen Musikinstrumente erzeugten Klänge (Einzelsounds) hat, ist Gegenstand der vorliegenden Arbeit, die im Zeitraum Sommer 1995 bis Sommer 1997 entstanden ist. Die zu diesem Thema veröffentlichte Rechtsprechung und Literatur wurde bis Ende 1996 berücksichtigt. Zum leichteren Verständnis der Arbeit sind am Ende Erläuterungen der wichtigsten technischen und musikalischen Begriffe angefügt.

Bedanken möchte ich mich an dieser Stelle bei allen, die mich bei der Entstehung der vorliegenden Arbeit unterstützt haben. Zu nennen ist insbesondere Herr Prof. Dr. Fritz Traub, Vorsitzender Richter am OLG Frankfurt a.D., der die Entstehung der Arbeit mit zahlreichen Anregungen und kritischen Hinweisen begleitet und wesentlich gefördert hat. Herzlich danken möchte ich zudem meinen Eltern, die mich während meines gesamten Studiums unterstützt und auch die Erstellung der vorliegenden Arbeit ermöglicht haben.

Butzbach, im Juli 1998 Heiner Bindhardt

Inhaltsverzeichnis:

Abkürzungsverzeichnis:

a.A.	anderer Ansicht
Anm.	Anmerkung
Art.	Artikel
ASPM	Arbeitskreis Studium populärer Musik
BGB	Bürgerliches Gesetzbuch
BGH	Bundesgerichtshof
BGHZ	Entscheidungen des Bundesgerichtshofs in Zivilsachen
Bd.	Band
BRD	Bundesrepublik Deutschland
BT	Bundestag
BVerfG	Bundesverfassungsgericht
BVerfGE	Entscheidungen des Bundesverfassungsgerichts
bzw.	beziehungsweise
CD	Compact Disc
CR	Computer und Recht (Zeitschrift)
d.h.	das heißt
DM	Deutsche Mark
DAT	Digital Audio Tape
EG	Envelope Generator
Einf.	Einführung
Einl.	Einleitung
etc.	et cetera
f.	folgende [Seite]
ff.	folgende [Seiten]
FAZ	Frankfurter Allgemeine Zeitung
Fn.	Fußnote
FS	Festschrift

gem.	gemäß
GEMA	Gesellschaft für musikalische Aufführungs- und mechanische Vervielfältigungsrechte
GeschmMG	Geschmacksmustergesetz
GRUR	Gewerblicher Rechtsschutz und Urheberrecht (Zeitschrift)
GRUR Int.	Gewerblicher Rechtsschutz und Urheberrecht Internationaler Teil (Zeitschrift)
GG	Grundgesetz
GVL	Gesellschaft zur Verwertung von Leistungsschutzrechten
h.M.	herrschende Meinung
Hrsg.	Herausgeber
Hz	Hertz
i.d.R.	in der Regel
INTERGU	Internationale Gesellschaft für Urheberrecht
i.S.d.	im Sinne des/der
i.V.m.	in Verbindung mit
i.w.S.	im weiteren Sinne
JZ	Juristenzeitung
kHz	Kilohertz
LFO	Low Frequency Oscillator
LG	Landgericht
LP	Langspielplatte
MarkenG	Markengesetz
MC	Musikcassette
m. E.	meines Erachtens
ME/Sounds	Musikexpress/Sounds (Zeitschrift)
MIDI	Musical Instrument Digital Interface
m.w.N.	mit weiteren Nachweisen
NJW	Neue Juristische Wochenschrift (Zeitschrift)

N.N.	nomen nescio
Nr.	Nummer
OLG	Oberlandesgericht
RAM	Random Access Memory
RBÜ	Revidierte Berner Übereinkunft zum Schutz von Werken der Literatur und der Kunst
RG	Reichsgericht
RGZ	Entscheidungen des Reichsgerichts in Zivilsachen
Rn.	Randnummer
ROM	Read Only Memory
S.	Seite
u.	und
u.ä.	und ähnliches
UFITA	Archiv für Urheber-, Film-, Funk- und Theaterrecht (Zeitschrift)
UrhG	Urheberrechtsgesetz
usw.	und so weiter
UWG	Gesetz gegen den unlauteren Wettbewerb
VCA	Voltage Controlled Amplifier
VCF	Voltage Controlled Filter
VCO	Voltage Controlled Oscillator
vgl.	vergleiche
VG Wort	Verwertungsgesellschaft Wort
WahrnG	Wahrnehmungsgesetz
WRP	Wettbewerb in Recht und Praxis (Zeitschrift)
WUA	Welturheberrechts-Abkommen
z.B.	zum Beispiel
ZfMP	Zeitschrift für Musikpädagogik
ZIP	Zeitschrift für Wirtschaftsrecht
ZUM	Zeitschrift für Urheber- und Medienrecht

Einleitung

Moderne Begriffe wie „Multimedia“ und „Cyberspace“ oder weltweite Datennetze wie das Internet zeigen, wie die Computertechnik immer mehr Lebensbereiche durchdringt.

Im Gegensatz zur verstandesgesteuerten Technik steht die Musik für gefühlsgesteuerte Prozesse. Deshalb erscheint es auf den ersten Blick so, als habe Musik mit elektronischer Technik nichts zu tun.[1] Aber auch die Musik ist von der technischen Entwicklung nicht unbeeinflußt geblieben. Dies macht sich insbesondere im Bereich der modernen Popularmusik bemerkbar. Die elektronische Technik hat in einem so großen Ausmaß in die Popularmusikproduktion Einzug gehalten, daß man von einer „heimlichen Revolution“ sprechen kann[2], die zu einer „totalen Vorherrschaft der Elektronik“ geführt hat.[3] Die zahlreich verwendeten elektronischen Hilfsmittel wie Synthesizer, Sampler, Effektgeräte, Sequenzer und computergesteuerte Mischpulte sind aus dieser Musik nicht mehr hinwegzudenken. Ohne den massiven Einsatz von Elektronik würde die Mehrzahl der heutigen Popularmusikproduktionen recht kläglich klingen.[4]

Die überaus großen Möglichkeiten der eingesetzten Technik werden an folgendem Beispiel deutlich: Bereits im Jahre 1990 wies Bickel[5] darauf hin, daß es keine Schwierigkeit darstellen würde, den 1980 verstorbenen Sänger und Gitarristen der Beatles John Lennon auf einer Aufnahme des Jahres 1990 singen zu lassen. Fünf Jahre später ist diese Prognose Wirklichkeit geworden. 1995 brachten die Beatles eine neue CD auf den Markt, auf der ein neuer Song mit der Stimme des verstorbenen Lennon zu hören ist.[6] Handelt es sich hierbei noch um eine alte Aufnahme von

---

1 Ruschkowski, Soundscapes, S.7.
2 Ruschkowski, Soundscapes, S.7.
3 Enders, Substantielle Auswirkungen, S.265 (266).
4 Ruschkowski, Soundscapes, S.7.
5 Bickel, Neue Zeitschrift für Musik 3/1990, S.3 (7).
6 „Free as a bird“ auf „Anthology 1“ (Apple 7243 8 34445 2 6).

Lennon, die klangtechnisch aufbereitet und mit neuem Playback versehen wurde, ist es nur noch eine Frage der Zeit, bis Musikcomputer in der Lage sein werden, die Stimme eines Sängers oder einer Sängerin identisch nachzubilden. Diese können dann auch nach ihrem Tode „weitersingen".[7]

In Anbetracht der immer neuen technischen Möglichkeiten stellt sich insbesondere im Hinblick auf die „Verarbeitung" fremder musikalischer Bestandteile die Frage, ob alles, was technisch möglich, auch rechtlich zulässig ist.[8] So hat beispielsweise die Entwicklung und mittlerweile sehr große Verbreitung von Sampling-Geräten, die die Übernahme von beliebigen Teilen aus Musikproduktionen anderer Musiker erlauben, eine Reihe rechtlicher Probleme aufgeworfen.[9]

Hat die Technik einerseits neue Möglichkeiten geschaffen, um die Leistungen anderer übernehmen zu können, sind andererseits eine große Anzahl von Geräten zur Erzeugung neuartiger und Veränderung bestehender Klänge, auch Einzelsounds genannt, entwickelt worden. Diese Geräte haben in der Popularmusik eine weite Verbreitung gefunden. Gleichzeitig ist die Bedeutung elektronisch erzeugter Klänge bzw. Einzelsounds in der Popularmusik immer größer geworden. Dies wiederum hat dazu geführt, daß elektronisch erzeugte Klänge immer öfter übernommen oder

---

7 Rifkin (S.123) weist darauf hin, daß es mit Hilfe moderner Computertechnologie bereits möglich ist, Filmschauspieler zu „digitalisieren" und diese dann - auch wenn sie schon lange tot sind - in neuen Produktionen „einzusetzen".

8 Die durch die technische Entwicklung entstehenden rechtlichen Probleme gewinnen in der Praxis zusätzlich dadurch an Bedeutung, daß der Umgang mit dem geistigen Eigentum der Kollegen in Musikerkreisen immer lässiger wird, vgl. Haver, Rockmusiker 4/1995, S.23 (23). Es gibt allerdings auch Künstler, die es für eine Ehrung halten, wenn Teile ihrer Werke gesampelt und von anderen verwendet werden, vgl. etwa Otto Waalkes, in: Keyboards 2/1996, S.38 (38).

9 Zumal von der Möglichkeit des Samplings auch in immer größerem Maße Gebrauch gemacht wird, vgl. etwa die im Booklet angegebenen Samples auf den CDs „Gangsta's Paradise" von Coolio (east west 0630 - 12899 - 2) und „the funky headhunter" von Hammer (Giant 9 24545 - 2). Siehe auch Davis, GRUR Int. 1996, S.888 (895).Vgl. zu den Rechtsproblemen des Samplings: Münker, Urheberrechtliche Zustimmungserfordernisse beim Digital Sampling; Weßling, Der zivilrechtliche Schutz gegen digitales Sound-Sampling; Schramm, Sample-Computer und das Recht der Musik; Ehrhardt, Sound Sampling und Urheberrecht, Musik spezial 3/1986, S.62f.; Hoeren, Sounds von der Datenbank - Zur urheber- und wettbewerbsrechtlichen Beurteilung des Samplings in der Popmusik, GRUR 1988, S.11-16; Klein, Digital Sampling, Handbuch der Musikwirtschaft, S.575-585; Spiess, Urheber- und wettbewerbsrechtliche Probleme des Sampling in der Popmusik, ZUM 1991, S.524-535; Bortloff, Tonträgersampling als Vervielfältigung, ZUM 1993, S.476-481. Neue rechtliche Probleme, die einer Lösung bedürfen, werden sich z.B. bei einer Einführung des digitalen Radios und einer Übermittlung von Musik über Datennetze (beispielsweise das Internet) ergeben; vgl. Wiedersheim, Rockmusiker 3/1994, S.15 (15f.); N.N., Rockmusiker 3/1994, S.4 (4); Dreier, GRUR int. 1993, S.742 (742-747); Goslich, FAZ-Magazin, Heft 844, S.74 (75).

kopiert werden. Die Frage eines rechtlichen Schutzes dieser Klänge ist damit von zunehmender Aktualität.[10] Für die Erschaffer elektronischer Klänge geht es darum, ob ihnen ein angemessener Lohn für die oftmals sehr arbeitsintensive, kreative und anspruchsvolle Tätigkeit der Klangprogrammierung zugestanden wird, oder ob jeder die von anderen geschaffenen Einzelsounds einfach übernehmen darf.

Die herrschende Meinung lehnt bisher einen rechtlichen Schutz von elektronisch erzeugten Sounds ab. Es erscheint aber fraglich, ob dabei beispielsweise die Vielschichtigkeit von Klängen, die technischen Grundlagen und die sich daraus ergebenden Möglichkeiten der elektronischen Klangerzeugung sowie die Bedeutung elektronischer Klänge in der Popularmusik in ausreichendem Maße gewürdigt und berücksichtigt werden. Ziel der vorliegenden Arbeit ist es deshalb zunächst, das Dunkel, das elektronisch erzeugte Einzelsounds in der juristischen Literatur insoweit größtenteils umgibt, aufzuhellen. Aus diesem Grunde soll vor der Erörterung der rechtlichen Fragen der zugrunde liegende „Lebenssachverhalt" umfassend erforscht werden. Begonnen wird dabei mit dem Einzug der Elektronik in die Popularmusik. Dabei soll aufgezeigt werden, daß die Elektronik nach und nach eine so wichtige Bedeutung für die Popularmusik erlangt hat, daß sie schließlich nicht mehr aus ihr hinwegzudenken war und welche Veränderungen in der Musikproduktion dies zur Folge hatte. Weiterhin werden die überragende Bedeutung des Sounds in der Popularmusik und die Gründe für diese Bedeutung erläutert. Um die mögliche Vielschichtigkeit von Klängen erkennen zu können, erscheint es zudem notwendig, die wichtigsten physikalischen Elemente eines Klanges zu kennen. Schließlich ist es zur Beurteilung der sehr großen Klanggestaltungsmöglichkeiten

---

[10] Dies bestätigt eine Anfrage des Verfassers bei 30 in der Musikindustrie tätigen Unternehmen (Schallplattenfirmen, Verlagen, Verbänden) und Soundanbietern. Dabei gab die Mehrzahl der Unternehmen an, daß ihnen das Problem bekannt ist, bzw. daß sie schon in Streitigkeiten wegen einer unautorisierten Übernahme von Sounds verwickelt gewesen waren. Besonders betroffen sind natürlich die Soundanbieter, von denen viele angaben, durch eine Übernahme von Sounds durch Dritte jährlich sechsstellige Verluste zu erleiden. Während sich die Soundanbieter in der Regel auch um eine gerichtliche Durchsetzung ihrer Rechte bemühten, einigten sich die Unternehmen der Musikindustrie in der Masse der Fälle außergerichtlich, getreu dem Motto: ich tue Dir nichts und Du tust mir nichts. Dies ist wohl auch der Grund dafür, daß zu diesem Problem bisher keine Rechtsprechung existiert.

moderner elektronischer Musikinstrumente unerläßlich, die Klangbeeinflussungsmöglichkeiten dieser Instrumente bzw. deren Aufbau wenigstens in den Grundzügen zu verstehen.

Erst daran anschließend soll auf der Grundlage der erarbeiteten Tatsachen die Frage nach einem möglichen rechtlichen Schutz von elektronisch erzeugten Einzelsounds nach dem Urheberrechtsgesetz und dem Gesetz gegen den unlauteren Wettbewerb in leistungsschutz- und wettbewerbsrechtlicher Hinsicht beantwortet werden.

A. Der elektronisch erzeugte Einzelsound

I. Elektronik und Musik

Der Musikelektronik kommt heutzutage insbesondere im Bereich der Popularmusik eine überragend große Bedeutung zu.[11] Dies erscheint um so erstaunlicher, wenn man bedenkt, daß elektronisches Instrumentarium noch vor knapp 40 Jahren praktisch keine Rolle in der Musik spielte. Erst durch den zunehmenden Einsatz elektronischer Klangerzeuger und die Suche nach neuartigen Klangeffekten konnten elektronisch erzeugte Klänge die Bedeutung erlangen, die sie heute im popmusikalischen Schaffen inne haben.

1. Einzug der Elektronik in die Popularmusik

Zwar läßt sich die Geschichte der Popularmusik bis in die 30er Jahre des 18. Jahrhunderts zurückverfolgen[12], der Einzug der Technik in die Popularmusik begann jedoch erst 1955 mit dem Durchbruch des Rock'n'Roll. Das Neue dieser Musik, die aus dem Rhythm & Blues der Schwarzen und der romantischen Schnulze der Weißen entstanden war, lag vor allem im Beat, der dadurch, daß er elektrisch verstärkt wurde, lauter und stärker war als jeder Beat davor.[13] Ohne elektronisch verstärkte Gitarren, Mikrofone und Echogeräte ist Rock'n'Roll nicht denkbar.[14] Besonders die elektrisch verstärkte Gitarre wurde in der Folgezeit zum wichtigsten Instrument der Popularmusik. Gitarristen wie Jimi Hendrix, Lou Reed oder Jerry

---

[11] Der Begriff Popularmusik wird nicht einheitlich verwendet. Er kann sehr viele verschiedene Musikstile bezeichnen. Wird hier der Begriff der Popularmusik verwendet, so ist insbesondere die kommerzielle Unterhaltungsmusik, die Rockmusik, Popmusik und Dance-Musik, die heute ganz wesentlich das Erscheinungsbild der Musik in Rundfunk und Fernsehen prägt, gemeint. Siehe zum Begriff Popularmusik: Halbscheffel/Kneif, S.288f.; Flender/Rauhe, S.11ff., Ziegenrücker/Wicke, S.288f.; Meyers Taschenlexikon, Band 3 (On-Zz), S.66f.; M. Kemper, musik international, S.135 (135f.).

[12] Ausführliche Darstellung bei Flender/Rauhe, S.19ff.

[13] Salzinger, S.5; Souster, musik international, S.125 (125); Sandner, musik international, S.85 (87f.).

[14] Enders, Substantielle Auswirkungen, S.265 (267); Harenberg, S.114; vgl. auch Batel, Zeitschrift für Musikpädagogik 9/1984, S.29 (29) und Hilgefort, Das Musikinstrument 8/1993, S.4 (4).

Garcia nutzten in virtuoser Weise die besonderen Klangmöglichkeiten der elektronisch verstärkten Gitarre aus. Durch Rückkopplungen, Verzerrungen und Filterung realisierten sie bis dahin nie gehörte Sound-Effekte.[15]

Wesentlich für die Entwicklung der Popularmusik ist auch das Aufkommen neuer Musikproduktionsformen. Seit Ende der 60er Jahre wird in Tonstudios mit dem Mehrspurverfahren gearbeitet.[16] Dies zeichnet sich dadurch aus, daß nicht mehr alle Musiker gleichzeitig ein Musikstück einspielen müssen, sondern nacheinander aufgenommen werden können. Dadurch müssen die Musiker bei der Aufnahme nicht mehr alle gleichzeitig anwesend sein, Spielfehler können ausgebessert werden, einzelne Musiker können mehrere Instrumente einspielen und beim sogenannten Mixdown, der Zusammenmischung der Aufnahme in ihre endgültige Form, sind sehr weitreichende Klangmanipulationen möglich.[17] Die Verwendung der Mehrspurtechnik und die Ausnutzung der sonstigen Möglichkeiten der Tonstudios nahm gegen Ende der 60er Jahre teilweise ein so großes Ausmaß an, daß führende Popgruppen aufgrund komplexer Arrangements, raffinierter Klangmanipulationen und aufwendiger Kollagetechniken ihre Musik kaum noch live aufführen konnten.[18] Auch die Live-Auftritte von Popularmusikgruppen wurden in der Folgezeit immer mehr durch elektronische Technik geprägt. Dies ging soweit, daß es sogar Bands gab, die nur wegen der Stärke ihrer elektronischen Ausrüstung bekannt wurden.[19]

Der Umfang, in dem elektronische Technik in der Popularmusik eingesetzt wird, hat bis heute immer weiter zugenommen. Es ist keine Seltenheit, daß in einem

[15] Enders, musica 1989, S.487 (487); Batel, Zeitschrift für Musikpädagogik 9/1984, S.29 (30); Sandner, musik international, S.85 (108). Siehe zur Bauweise der elektrischen Gitarre: Halbscheffel/Kneif, S.160-162, zu den neuen Ausdrucksmöglichkeiten der E-Gitarre: Souster, musik international, S.125 (126-129).

[16] Enders, musica 1989, S.487 (487); Jörger, S.20.

[17] Enders, Substantielle Auswirkungen, S.265 (267); Enders, musica 1989, S.487 (487), Souster, musik international, S.125 (133); Halbscheffel/Kneif, S.13-15.

[18] Enders, Substantielle Auswirkungen, S.265 (267); Batel, Zeitschrift für Musikpädagogik 9/1984, S.29 (30); Sandner, musik international, S.85 (90) erläutert dies am Beispiel der Beatles.

[19] Souster, musik international, S.125 (126); vgl. auch Sandner, musik international, S.85 (109).

Studio für eine Musikaufnahme über 100 einzelne Spuren eingespielt werden. Mit großen computergesteuerten Mischpulten wird die Aufnahme unter Zuhilfenahme einer Vielzahl von Effektgeräten[20] abgemischt.[21] Auch bei Livekonzerten wird insbesondere durch die sogenannten Megastars ein gigantischer Aufwand getrieben.[22] Ihre Bekanntheit beruht zumindest auch auf dem kostspieligen Einsatz modernster Ton- und Lichttechnik. Allerdings ist diese Technik heute so weit entwickelt, daß es nicht mehr nur um die Erzeugung bloßer Lautstärke geht, wie dies in den Anfängen der Rockmusik der Fall war. Vielmehr ist das Ziel heute, dem Zuhörer auch bei Live-Konzerten einen perfekten Klang zu bieten, der sich an dem Ideal der Compact-Disc orientiert.

Für die Zukunft ist mit einem weiteren Ansteigen des Einsatzes elektronischer Technik in der Popularmusik zu rechnen. Neue technische Entwicklungen bieten neue Möglichkeiten und werden daher zum Einsatz kommen. Allerdings ist auch eine gewisse Gegenbewegung zu beobachten. In der „unplugged" - Serie des Musiksenders MTV sollen bekannte Bands ihre Lieder unter einem möglichst großen Verzicht auf Elektronik spielen. Die Aussage „no samples, Keyboards or Synthesizers used in the making of this recording"[23] scheint Ausdruck einer Absage an die elektronische Technik zu sein. Viele Rockbands gehen wieder dazu über, ihre Musik im Studio mit der kompletten Band live einzuspielen und verzichten damit auf bestimmte Vorteile der Mehrspurtechnik.[24] „Handgemachte Musik" ist im Kommen und soll einen Gegentrend zum immer umfangreicheren Einsatz der elektronischen Technik setzen. Dabei darf jedoch nicht übersehen werden, daß insoweit

---

20 Effektgeräte sind alle Zusatzgeräte zur Klangbearbeitung; Erläuterung verschiedener Effektgeräte bei Gorges/Merck, S.407-415; Hörmann/Kaiser, S.40-68.

21 Beispiele von Ausstattungen, die moderne Tonstudios heute bieten, finden sich in Keyboards 1/1996, S.56 (Technik im TTM-Studio); Keyboards 2/1996, S.28 (Technik im Dolls-United-Studio) oder auch im Musikmarkt Branchenhandbuch '95, S.245ff.

22 Vgl. z.B. zu den Keyboards der Michael-Jackson-Tour: Doerschuk, Keyboards 3/1988, S.28 (28-37).

23 Hinweis im Booklet der Gruppe „rage against the machine", EPC 472224 2.

24 N.N., Wo heute Hits geboren werden, Rockmusiker 4/1995, S.15 (15).

zwar ein Verzicht auf gewisse Möglichkeiten der Technik, z.B. Sequenzer, Synthesizer oder Sampler stattfindet, aber längst kein völliger Verzicht auf elektronische Technik. Benutzt werden weiterhin Mikrofone, Verstärker, Effektgeräte und vieles mehr. Die heutige Popularmusik kann zwar auf einzelne technische Geräte verzichten, ganz ohne Hilfe elektronischer Technik ist sie jedoch nicht mehr denkbar.

2. Bedeutung elektronischer Musikinstrumente in der Popularmusik

Die elektronischen Musikinstrumente, die die größte Bedeutung für die Musik erlangt haben, sind Synthesizer und Sampler.[25] Ein Synthesizer wurde in der Popularmusik erstmalig im Jahre 1968 auf einem Album der Gruppe „United States of America" eingesetzt.[26] Seitdem ist die Bedeutung des Synthesizers für die Popularmusik stetig gewachsen. Spätestens seit Beginn der achtziger Jahre sind elektronische Musikinstrumente in der Popularmusik allgegenwärtig und prägen ihren Sound.[27] Ohne elektronische Klangerzeugung ist der größte Teil der heutigen Hitparadenmusik nicht denkbar.[28]

3. Veränderungen in der Musikproduktion durch die Technik

Im modernen Tonstudio werden immer mehr Arbeiten vom Musikcomputer erledigt.[29] Eine große Anzahl von Softwareprogrammen unterstützen Musiker und

---

[25] Anders als bei akustischen oder mechanischen Musikinstrumenten wird der Klang bei elektronischen Musikinstrumenten auf elektronischem Wege erzeugt. Um die Signale elektronischer Musikinstrumente in Schallsignale umzuwandeln, die vom Menschen gehört werden können, bedarf es deshalb zusätzlich eines Verstärkers und eines Lautsprechers. Kaegi, S.37.

[26] Behrendsen/Rüsenberg, Rock Session 2, S.136 (141).

[27] Enders, musica 6/1989, S.487 (487); Sandner, Rockmusik, S.81 (84).

[28] Ruschkowski, Soundscapes, S.8.

[29] Enders/Rocholl, Ausgewählte Beiträge zur Popularmusikforschung, S.95 (107); Enders, musica 6/1989, S.487 (490); Pfeiler, Beiträge zur Popularmusikforschung 12, S.36 (44f.); Andresen, Fono Forum, 1986, Band 31, S.30ff.

Komponisten und erleichtern ihnen die Arbeit.[30] Songs werden nicht mehr auf Notenpapier entworfen, sondern mit Hilfe des Computers und des Mehrspurverfahrens im Tonstudio puzzleartig zusammengesetzt.[31]

Die Anforderungen, die Musiker erfüllen müssen, haben sich dadurch grundlegend verändert. Die perfekte Beherrschung eines Instrumentes, die normalerweise erst durch jahrelanges Üben zu erreichen ist, ist in der Regel nicht mehr erforderlich.[32] Vielmehr ist die Rolle des Musikers die des Organisators geworden, der nach seinem persönlichen ästhetischen Empfinden eine Auswahl aus der ihm durch die Studiotechnik gegebenen Vielfalt trifft. Gefragt ist somit der versierte Musik-Operator, der neben oder statt seines Instruments die Studiotechnik kennt und beherrscht.[33]

Mit Hilfe der Musikelektronik kann der Musiker im traditionellen Sinne in immer größerem Maße durch die Technik ersetzt werden.[34] Mitmusiker sind somit nicht mehr unbedingt erforderlich, um Musik zu machen. Dadurch fördern die Möglichkeiten der Musikelektronik einen Trend zum Alleinmusizieren.[35] Die Musikelektronik hat zudem zur Entwicklung von neuen Musikstilen geführt, die ganz ohne Musiker im traditionellen Sinne auskommen. So wird z.B. die sog. Techno-Musik von Diskjockeys (DJs) beherrscht, die oft kein Instrument spielen können, dafür aber durch ihre Tätigkeit ein gutes Gespür für „Tanzmusik" haben.[36]

---

30 Molderings, Das Musikinstrument 8/1988, S.24ff.; Enders, musica 6/1989, S.487 (492f.).

31 Ackermann, S.303; Lask im Interview mit Rüsenberg, Keyboards 2/1986, S.22 (22); Andresen, Fono Forum, 1986, Band 31, S.30 (31).

32 Frederking, Rock-Session 8, S.170 (176).

33 Andresen, Fono Forum, 1986, Band 31, S.30 (32), Ackermann, S.304; Bickel, Neue Zeitschrift für Musik 3/1990, S.3 (7); Sandner, Rockmusik, S.81 (83).

34 Z.B. Schlagzeuger durch Drumcomputer oder sogar ganze Orchester durch einen Sampler, vgl. Bickel, Neue Zeitschrift für Musik 3/1990, S.3 (3f.); Andresen, Fono Forum, 1986, Band 31, S.30 (31); Andresen, ZUM 1985, S.38 (41); Rocholl, Das Orchester 1986, S.130 (130), vgl. auch das Beispiel einer „Orchesterbesetzung" auf S.132.

35 Reetze, S.97ff.; Enders, musica 6/1989, S.487 (490); Enders, Substantielle Auswirkungen, S.265 (281); Ackermann, S.304; Batel, Das Musikinstrument 10/1985, S.76 (76).

36 Vgl. dazu: Jerrentrup, Beiträge zur Popularmusikforschung 12, S.46 (50f.); Kemper, FAZ-Magazin, Heft 798, S.10 (10,13) am Beispiel des DJs Sven Väth; Frederking, Rock-Session 8, S.170 (172).

4. Die Steigerung der wirtschaftlichen Bedeutung der Musikindustrie

Die vielen technischen Neuerungen im Bereich der Musikelektronik haben nicht nur Einfluß auf die Musikproduktion, sondern auch auf die gesamte Musikindustrie gewonnen. In der Folge der verschiedenen technischen Errungenschaften hat sich die Musikindustrie zu einem bedeutenden wirtschaftlichen Faktor entwickelt.[37] Das Bild der Musikwirtschaft wird neben den Komponisten und Musikern durch Plattenfirmen, Verlage, Verwertungsgesellschaften (GEMA , GVL, VG WORT), Produzenten, Tonstudios, Promoter, Manager und Veranstalter geprägt.[38] Daneben zählen auch Musiksendungen in Hörfunk und Fernsehen, der Musikinstrumentenbau, der Handel mit Musikalien und Musikinstrumenten, Musikschulen, Diskotheken und die Herstellung und der Vertrieb von Geräten der Unterhaltungselektronik, Bühnen und Aufnahmetechnik zum Bereich der Musikwirtschaft.[39] Folgende Zahlen verdeutlichen die enorme Bedeutung dieses Wirtschaftszweiges. In der Bundesrepublik Deutschland wurden 1994 40,3 Millionen Singles, 800.000 Langspielplatten, 40,4 Millionen Musikkassetten und 178,8 Millionen Compact Discs im Gesamtwert von 4,66 Milliarden DM verkauft.[40] Die GEMA erwirtschaftete mit der Wahrnehmung der Rechte der Urheber von Musik 1,261 Milliarden DM.[41] Allein bei den Tonträgerherstellern und im Tonträger-Groß- und Einzelhandel waren ca. 36 500 Personen beschäftigt.[42] Die Gesamtzahl der in musikabhängigen Bereichen Beschäftigten betrug bereits 1986 deutlich über 110 000 Personen, dazu kommen noch 35.000 Personen, die in Diskotheken beschäftigt waren und ca. 150.000 mit

[37] Darstellung der Entwicklung der Popularmusik zum Wirtschaftsfaktor bei Jörger, S.32-35.
[38] Übersicht bei Andryk, S.16.
[39] Hummel, Struktur und Entwicklung, Musikforum 74, S.13 (13).
[40] Angaben des Deutschen Phonoverbandes in ifpi World Sales, April 1995; diese Zahlen umfassen nur den Umsatz der Unternehmen, die Mitglied im Deutschen Phonoverband sind. Deshalb sind nur ca.83% des tatsächlichen Tonträgerumsatzes erfaßt.
[41] Die GEMA ist die Gesellschaft für musikalische Aufführungs- und mechanische Vervielfältigungsrechte. Siehe zu den Einnahmen der GEMA 1994: GEMA, Geschäftsbericht 1994, S.24.
[42] Jahrbuch der Phonographischen Wirtschaft '94, S.36; Angabe für 1992.

dem Vertrieb und der Herstellung von Gütern für den privaten Gebrauch, wie Leerkassetten, Plattenspielern, Rundfunkgeräten u.ä. sich befassende Personen.[43]

Die Musikwirtschaft stellt damit nicht nur einen großen, sondern auch einen stark expandierenden Wirtschaftsbereich dar. So hat sich z.B. der Tonträgerumsatz seit 1984 in der BRD mehr als verdoppelt,[44] weltweit mit einer Steigerung von 12 Milliarden US-Dollar 1984 auf fast 36 Milliarden US-Dollar 1994 sogar verdreifacht.[45] Durch die enormen wirtschaftlichen Chancen, die der Musikmarkt bietet, bleibt es nicht aus, daß versucht wird, auf unrechtmäßige Weise an den Leistungen anderer zu partizipieren. Mit Piraterieprodukten wurde auf dem Tonträgermarkt 1993 allein in der Bundesrepublik ein Umsatz von 220 Millionen DM erzielt.[46] Mit Hilfe der modernen Musikelektronik können die Leistungen der Komponisten, Musiker und Tonträgerhersteller in immer vielfältigerer Weise übernommen und für das eigene musikalische Schaffen verwertet werden.

II. Der Sound in der Popularmusik

Es besteht darüber Einigkeit, daß der Sound in der Popularmusik eine überragende Bedeutung erlangt hat. Ohne eine Kenntnis dieser Bedeutung und der Gründe, auf denen sie beruht, ist es nicht möglich, den Sound angemessen in das popularmusikalische Schaffen einzuordnen und ihm im Rahmen einer rechtlichen Beurteilung die richtige Stellung zuzuweisen.

---

[43] Hummel, Struktur und Entwicklung, Musikforum 74, S. 13 (14).

[44] Jahrbuch der Phonographischen Wirtschaft '94, S.10.

[45] Angaben für 1994 in ifpi World Sales, April 1995; für 1984 bei Lüfter, Handbuch der Musikwirtschaft, S.17 (18).

[46] Dies waren 4% des Gesamtumsatzes, der mit Tonträgern erzielt wurde. Vgl. Jahrbuch der Phonographischen Wirtschaft '94, S.9 und 27.

1. Der Begriff „Sound“

Bei einer Auseinandersetzung mit der Bedeutung des Sounds in der Popularmusik kann nicht außer Betracht bleiben, daß sich der Begriff „Sound“ zu einem der meistverwendeten, zugleich aber auch vieldeutigsten Begriffe in der Popularmusik entwickelt hat.[47] Aus dem Englischen übersetzt bedeutet Sound so viel wie Klang, Schall oder Klangfarbe.[48] Insoweit kann der Sound zwar von anderen musikalischen Parametern, wie Rhythmik, Harmonik und Melodik unterschieden werden, letztlich wird der Klangeindruck eines Musikstückes durch diese anderen musikalischen Parameter aber mitbestimmt. Teilweise wird der Begriff Sound deshalb sehr weit gefaßt und soll die Totalität aller den Gesamteindruck der Musik bestimmenden oder vermeintlich bestimmenden Elemente bezeichnen.[49] Eine solch weite Definition macht es allerdings sehr schwer, mit dem Begriff des Sounds zu arbeiten. Der Begriff Sound wird deshalb hier als Synonym für Klang, beziehungsweise Klangfarbe verwendet. Daß der Begriff Sound trotzdem enorm vielschichtig ist, verdeutlicht das folgende Beispiel:

Unter dem Sound einer Musikproduktion wird der Gesamtklang einer Musikaufnahme verstanden. Dieser ist von einer Reihe von Faktoren abhängig. Wichtig ist der Sound des ausgewählten Tonstudios, der wesentlich von den Räumlichkeiten, der verwendeten Technik und dem „musikalischen Geschmack“ der dort tätigen Tonmeister abhängt. Der Sound der Musikaufnahme wird aber auch durch den Sound der aufgenommenen Musikgruppe bestimmt, der sich wiederum aus den verwendeten Instrumenten, der Art des Arrangements, der durch die Musikgruppe verwendeten Musikelektronik usw. zusammensetzt. Von großer Bedeutung für den Sound der Musikgruppe ist wiederum der Sound der einzelnen

[47] Halbscheffel/Kneif, S.363.

[48] Schaal, S.293; Langenscheidts Fachwörterbuch Musik, S.143; Hirsch, S.440; Ziegenrücker, S.214.

[49] Sandner, Rockmusik, S.81 (83); siehe zur Bedeutung des Begriffs Sound auch: Kneif/Halbscheffel, S.363; Hirsch, S.440f.; Goodman, S.217; Brockhaus Riemann, Band 4, S.176; Meyers Taschenlexikon Musik, Band 3, S.199; Kunzler, Jazzlexikon, S.1102; Ziegenrücker/Wicke, S.368; Schneider, Das Musikinstrument 1982, S.1283 (1283); Enders, Lexikon Musikelektronik, S.221; Jörger, S.88; Münker, S.63ff.

Gruppenmitglieder. Dieser erlangt seine charakteristische Eigenart durch eine individuelle Spielweise des Interpreten und durch das von ihm eingesetzte Instrumentarium.[50] Der Begriff „Sound" kann folglich in sehr verschiedenen Zusammenhängen gebraucht werden. Er kann den speziellen Klang einer Musikproduktion, einer Musikgruppe, eines Instrumentalisten, eines Instruments und vieles mehr bezeichnen.[51]

Umfaßt vom Begriff „Sound" ist auch der sog. Einzelsound. Unter einem Einzelsound ist ein durch ein beliebiges Instrument erzeugter einzelner Klang zu verstehen.[52] Ein Einzelsound ist grundsätzlich dann nicht mehr gegeben, wenn verschiedene Instrumente gleichzeitig erklingen und sich die Klänge dieser Instrumente zu einem Gesamtklang vermischen.[53]

2. Die Bedeutung des Sounds in der Popularmusik

Der Haupteindruck und Wiedererkennungswert eines Liedes oder einer Musikgruppe wird in der Popularmusik sehr oft durch einen charakteristischen Sound ausgelöst.[54] Es ist der Sound, der eine Musikproduktion für die Hörer interessant macht und immer neue Schichten von Hörern anspricht.[55] Er ist dafür ausschlaggebend, ob ein Künstler im Trend liegt und marktgerecht ist oder nicht.[56] Da auch Radiostationen und Fernsehsender, die enorm wichtig für den Bekanntheitsgrad

[50] Bedeutung hat der persönliche Sound vor allem im Jazz. Dort gilt er als der „fälschungssichere Personalausweis" des Künstlers, vgl. Hottmann, FAZ-Magazin Heft 823, S.10 (14); Kunzler, S.1102. Es haben aber auch viele Rockmusiker einen eigenständigen Sound entwickelt, z.B. Jimi Hendrix, Batel/Salbert, S.27; Sandner, Rockmusik, S.81 (81).

[51] Rösing (Beiträge zur Popularmusikforschung 7/8, S.106 (108)) weist deshalb zu recht darauf hin, daß es sich beim Sound um eine höchst komplexe musikalische Dimension handelt.

[52] Also z.B. das, was man hört, wenn man eine einzelne Klaviertaste anschlägt.

[53] Ob allerdings immer eine klare Unterscheidung möglich ist, ob ein Einzelsound vorliegt oder bereits ein Gesamtsound, erscheint aufgrund der musikalischen und physikalischen Komplexität des Sounds sowie den großen Sounderzeugungsmöglichkeiten, die mit elektronischen Klangerzeugern bestehen, zweifelhaft.

[54] Vgl. Klein, Handbuch der Musikwirtschaft, S.575 (582); Brockhaus-Riemann, Band 4 (R-Z), S.176; Meyers Taschenlexikon Musik, Band 3 (On-Zz), S.198.

[55] Schneider, GRUR 1986, S.657 (661).

[56] Lyng, S.21 (siehe auch S.77); Schmieder, NJW 1985, S.2105 (2109); Enders, musica 1989, S.487 (491); Tenschert, ZUM 1987, S.612 (613); Münker, S.73.

einer Band sind, unbekannte Bands nur noch dann spielen, wenn sie dem gerade aktuellen Sound entsprechen, wird bei Musikproduktionen auf die Einhaltung der jeweils genretypischen Soundstandards geachtet.[57] Wegen der Wichtigkeit des Sounds für den Erfolg oder Mißerfolg einer Musikgruppe wird alles, von der Gitarrensaite bis zum Aufnahmestudio, auf den geeigneten Sound hin geprüft.[58] Erst danach werden die Ausrüstung und das Tonstudio ausgewählt.[59] So wird deutlich, warum davon gesprochen wird, daß ein Künstler ohne den Sound „wie ein Porsche ohne Motor, wie Persil in einer namenlosen, „neutralen" Verpackung" wäre.[60] Musikwissenschaftler wie auch Juristen weisen immer wieder darauf hin, daß der Sound zum zentralen strukturellen und ästhetischen Kriterium des Musizierens geworden ist.[61] Der Sound sei selbst ein formendes Element der Musik[62], er habe für die Popularmusik eine konstitutive Bedeutung[63] und könne deshalb als die vierte Dimension der Musik bezeichnet werden.[64] Die Bedeutung des Sounds für die Popularmusik kann folglich kaum hoch genug eingeschätzt werden. Die Technologie hat zu einer substantiellen Veränderung der fundamentalen musikalischen Parameter geführt.[65] Melodie, Harmonien und Rhythmus werden in sehr großem Maße von der elektronischen Hardware beeinflußt.[66] Dadurch haben die Technik und der mit ihrer Hilfe geschaffene Sound eine die Komposition und die Interpretation überragende Bedeutung erlangt.[67]

---

57 Stein, Handbuch der Musikwirtschaft, S.60 (67).
58 Sandner, Rockmusik, S.81 (83).
59 Manche Musikgruppen bevorzugen aus Gründen eines besseren Sounds als Aufnahmeort auch eine Kirche, ein Kino oder die Waschräume einer stillgelegten Zeche. Vgl. N.N., Wo heute Hits geboren werden, Rockmusiker 4/1995, S.15 (15); Halbscheffel/Kneif, S.373. Sollte trotz aller Mühen und eingehender Vorbereitung der Musikproduzent am Ende einige auf der Aufnahme verwendete Sounds für nicht aktuell halten, so wechselt er diese einfach gegen die gerade aktuellen aus, vgl. Enders, Substantielle Auswirkungen, S.265 (267).
60 Nordemann, GRUR 1980, S.568 (569).
61 Ziegenrücker/Wicke, S.368; vgl. auch Rösing, Beiträge zur Popularmusikforschung 7/8, S.106 (107).
62 Sandner, Rockmusik, S.81 (83).
63 Schneider, Das Musikinstrument 1982, S.1283 (1283); Einbrodt/Pape, Ausgewählte Beiträge zur Popularmusikforschung, S.114 (114).
64 Köhn, ZUM 1994, S.278 (281); Sandner, Rockmusik, S.81 (88); Tenschert, ZUM 1987, S.612 (613).
65 Batel, Zeitschrift für Musikpädagogik 9/1984, S.29 (29); Batel/Salbert, S.26.
66 Enders, Substantielle Auswirkungen, S.265 (285).
67 Vgl. Sandner, Rockmusik, S.81 (83).

3. Gründe für die Bedeutung des Sounds

Die große Bedeutung des Sounds in der Popularmusik beruht vor allem auf seiner Unterscheidungsfunktion, auf den Verbesserungen und technischen Neuerungen im Bereich der Klangerzeugung, Klangbearbeitung und Musikwiedergabe und auf den mit der Musikelektronik geschaffenen neuen Möglichkeiten der Soundgestaltung.

a) Die Unterscheidungsfunktion des Sounds

In der Popularmusik ist der Sound oft das einzige objektive Kriterium, an dem sich Musikproduktionen unterscheiden lassen. Dies liegt vor allem daran, daß sich im Bereich der Harmonik, der Melodik und der Rhythmik ein gewisser Status quo gebildet hat. Von diesem wird nur in den seltensten Fällen abgewichen.[68] Die Ursache dafür könnte sein, daß die Rockmusik ausformuliert und dadurch nichts wirklich Neues mehr möglich ist.[69] Entscheidend könnte aber auch sein, daß der Einzelne die Mittel der Massenkommunikation nutzt, um sich seine bisherigen Haltungen und Meinungen bekräftigen zu lassen.[70] Dadurch, daß die Popularmusik auf einer geringen Anzahl von Pattern[71] und allgemeinen Elementen aufbaut, hat sie einen hohen Wiedererkennungswert und wird für den Hörer eingängig. Er trifft häufig auf schon Bekanntes. Neue Elemente in der Popularmusik würden dagegen den Wiedererkennungswert und die Eingängigkeit dieser Musik wesentlich vermindern. Dies könnte den Absatz an Musikprodukten beeinträchtigen. Der Musikindustrie ist es deshalb wichtig, den Hörer in seinen vorgefertigten Hörerwartungen zu befriedigen, da nur so ein möglichst großer wirtschaftlicher

---

68 Tenschert, ZUM 1987, S.612 (613).
69 So Heinz-Rudolf Kunze, Rockmusiker 2/95, S.5 (5).
70 Vgl. Haselauer, S.147.
71 Unter Pattern sind kurze, rhythmische oder harmonische Einheiten zu verstehen, die beliebig oft wiederholt werden können, Halbscheffel/Kneif, S.276.

Gewinn gewährleistet ist.[72] Weil der Käufer nicht an wesentlich Neuem interessiert ist, findet eine Selbstbeschränkung der Komponisten der Popularmusik im Hinblick auf die musikalischen Parameter Harmonik, Melodik und Rhythmik statt. Im Rahmen moderner Musikproduktionen kommt dem Sound deshalb bei Verwendung der gleichen oder zumindest sehr ähnlicher musikalischer Elemente eine wichtige Unterscheidungsfunktion zu.[73]

b) Technischer Fortschritt bei Geräten zur Klangerzeugung und Klangbearbeitung

Der Sound wird mit einer Vielzahl von elektronischen Geräten hergestellt und bearbeitet. Erst mit der Entwicklung von Tonabnehmern für Gitarren, Mikrofonen, Verstärkern, Synthesizern, Samplern, Effektgeräten und vielem mehr ist die Voraussetzung geschaffen worden, den Sound in dem heute möglichen Maßstab zu erzeugen und zu manipulieren. Die vielfältigen Einsatzmöglichkeiten von Musikelektronik erzeugen eine große Nachfrage nach entsprechenden Geräten. Diese spornt die Hersteller dazu an, neue Geräte zu entwickeln, mit denen wiederum bisher nicht gehörte Soundeffekte möglich sind. Als Folge dieses Kreislaufs ist es zu einer explosionsartigen Entwicklung im Bereich der Musikelektronik gekommen.[74] Neuentwicklungen und Verbesserungen ermöglichen immer weiterreichende Klangmanipulationen. Gleichzeitig hat ein rapider Preisverfall eingesetzt. Die elektronischen Geräte bieten für immer weniger Geld immer umfangreichere Möglichkeiten. Kosteten beispielsweise die ersten Sampler noch sechsstellige Beträge[75],

---

[72] Da der große wirtschaftliche Erfolg der Popularmusik gerade auf der Begrenztheit musikalischer Parameter zu beruhen scheint, wird dies in immer größerem Maße von der Musikindustrie ausgenutzt. Immer öfter wird einem erfolgreichen Musiktitel ein weiterer „nachgeschoben", der sich von dem ersten kaum unterscheidet. Oder man nimmt gleich einen erfolgreichen älteren Musiktitel und „verpackt" diesen lediglich in ein neues, aktuelles Soundgewand (vgl. etwa den Song „Gangsta's Paradise" von Coolio auf east west 0630-12899-2, der im Original von Stevie Wonder stammt, oder den Song der Fugees „Killing me softly" auf Columbia CK 67147, der im Original von N. Gimble und C. Fox stammt). Soll ein Song schnellen Erfolg haben, ist es auch beliebt, bereits dem breiten Publikum bekannte Motive in den Song einzubauen. Siehe dazu auch Schneider, GRUR 1986, S.657 (660).

[73] Vgl. auch Köhn, ZUM 1994, S.278 (278); Schneider, Das Musikinstrument 1982, S.1283 (1283).

[74] Hörmann/Kaiser, S.7. Nach Vogt, Neue Zeitschrift für Musik 4/1985, S.35 (35) geht der Fortschritt der Technik so schnell voran, daß selbst die Erfinder Schwierigkeiten haben, mit ihren Produkten Schritt zu halten.

[75] Gorges/Merck, S.87.

ist der Neupreis für Geräte, die durchaus schon professionellen Ansprüchen genügen, auf ca. 2.500 DM gefallen.[76] Aufgrund des schnellen technologischen Fortschritts erhält man gebrauchte Geräte innerhalb sehr kurzer Zeit für einen Bruchteil des Neupreises[77], so daß sich auf diesem Wege praktisch jeder ein gutes, leistungsfähiges Equipment kaufen kann. Der Einsatz von Musikelektronik ist damit heutzutage nicht mehr einer besonders zahlungskräftigen Klientel vorbehalten, sondern jedermann möglich.[78]

c) Verbesserungen im Bereich der Musikwiedergabe

Nicht nur die elektronischen Geräte zur Klangherstellung und Klangbearbeitung sind weiterentwickelt worden, sondern auch im Bereich der Musikwiedergabe haben einschneidende Veränderungen stattgefunden. Insbesondere die Digitalisierung der Tonsignale durch die Einführung der Compact Disc (CD) hat dazu beigetragen, die Wiedergabequalität von Musikaufnahmen wesentlich zu verbessern.[79] Die beeindruckenden technischen Daten der CD erlauben eine Musikwiedergabe ohne die bei Schallplatten oft auftretenden Störgeräusche, wie Knacksen, Rauschen oder Knistern.[80] Somit ermöglicht die CD, die im Tonstudio aufwendig erstellten „Klanggebilde" in sehr guter klangtechnischer Qualität für den Musikhörer wiederzugeben. Ohne eine solche Wiedergabemöglichkeit würde eine aufwendige Soundgestaltung kaum Sinn ergeben. Die gute Klangqualität der CD hat mittlerweile dazu geführt, daß die Hörgewohnheiten der Musikhörer so geschult worden sind, daß Musikaufnahmen mit einem schlechteren Klang kaum noch akzeptiert werden.[81]

---

[76] Etwa Akai S2000, Roland S760, EMU ESI 32.
[77] Vgl. Kleinanzeigenteile der Zeitschriften Keyboards, Keys, Fachblatt.
[78] Vgl. Enders, Substantielle Auswirkungen, S.265 (270); Gerecht, S.22.
[79] Nestele, Handbuch der Musikwirtschaft, S.69 (70, 73).
[80] Vgl. Halbscheffel/Kneif, S.86; Andresen, ZUM 1986, S.335 (337).
[81] Vgl. Schneider, GRUR 1986, S.657 (661); Stroh, Neue Zeitschrift für Musik 5/1990, S.3 (7).

d) Neue Möglichkeiten der Soundgestaltung

Dadurch, daß elektronische Geräte die Beeinflussung aller Klangparameter erlauben[82], ermöglichen sie die Einbringung neuer Klangwirkungen als innovatives Element in die Popularmusik und bieten Raum für ein kreatives Musikschaffen.[83] Mit den Möglichkeiten der Musikelektronik kann den traditionellen Stilmitteln und Elementen der Popularmusik durch einen neuen Sound frisches Leben eingehaucht werden.[84] Es steht jedem offen, seinen eigenen Sound zu schaffen oder seinem Soundideal nachzueifern. Der eigene, „neue" Sound bietet eine Möglichkeit, sich von anderen zu unterscheiden und sich aus der Masse der Mitmusiker und anderer Musikproduktionen herauszuheben. Deshalb versuchen viele Musiker und Musikproduzenten, einen besonderen Sound zu entwickeln und nutzen dazu die neuen Möglichkeiten der Musikelektronik in vielfältiger Weise aus.

III. Klang und Klangfarbe (Ausflug in die Akustik)

Der Sound als Klang bzw. Klangfarbe steht einer näheren Bestimmung aus physikalischer Sicht offen. Eine solche verdeutlicht, daß bereits ein einzelner Klang bzw. Einzelsound ein äußerst komplexes „Gebilde" ist, das sich seinerseits aus einer Reihe von Elementen zusammensetzt. In der juristischen Diskussion wird diese Komplexität von Einzelsounds oft nicht in ausreichendem Maße berücksichtigt. Dadurch wird verdeckt, welche einzelnen Klangparameter ein Klangprogrammierer gestalten muß, um zu einem Einzelsound zu gelangen und

---

82 Enders, musica 1989, S.487 (488).

83 Enders, musica 1989, S.487 (490, 494); Enders, Substantielle Auswirkungen, S.265 (273); Klement, S.342 (342); Souster, musik international, S.125 (131); Rocholl, Das Orchester 1986, S.130 (131).

84 Ruschkowski, Soundscapes, S.10; Schneider, Das Musikinstrument 1982, S.1283 (1283).

welche umfangreichen Gestaltungsmöglichkeiten die Soundprogrammierung bietet.

1. Der Klang

Unter einem Klang kann man im weitesten Sinne die Spezialform eines Schallereignisses verstehen.[85] Schall entsteht durch schwingende Materie. Dies kann eine gestrichene Saite oder eine elektrisch angeregte Lautsprechermembran ebenso wie ein angestoßener Stahlträger sein. Durch die ausgelösten Schwingungen des Körpers wird die Luft zu gleichgerichteten Schwingungen angeregt, die schließlich auf das Trommelfell treffen und im Menschen in einem komplizierten Prozeß eine Schallempfindung erregen.[86] Die Schall- bzw. Hörempfindung des Menschen wird dabei primär durch Tonhöhe, Lautstärke und Klangfarbe bestimmt. Von Bedeutung sind zudem die Dauer und der zeitliche Verlauf der Schwingung.

2. Schwingungen

Jeder Klang setzt sich aus einer Reihe von Schwingungen und/oder Geräuschen zusammen.[87] Grundelement eines jeden Klanges ist dabei die Sinusschwingung.[88] Die Sinusschwingung ist eine einfache, gleichmäßige Schwingung. In der Natur kommt sie nicht vor. Sie kann nur künstlich mit elektronischen Schwingungserzeugern hergestellt werden.[89]

---

85 Gorges/Merck, S.36.
86 Siehe Ackermann, S.6f.; DTV-Atlas zur Physik, S.99.
87 Gorges/Merck, S.36.
88 Enders, Klangwelt, S.48; Gerthsen/Vogel, S.179.
89 Reetze, S.16f.

Die besondere Bedeutung der Sinusschwingung beruht auf der Tatsache, daß sich alle periodischen Schwingungen aus Sinusschwingungen aufbauen bzw. in diese zerlegen lassen.[90] Periodische Schwingungen sind Schwingungen, die einen regelmäßigen Schwingungsdurchgang haben. Sie sind von den nichtperiodischen Schwingungen zu unterscheiden. Bei periodischen Schwingungen nimmt der Mensch eine bestimmte Tonhöhe wahr. Bei nichtperiodischen Schwingungen kann das menschliche Gehör dagegen keine Tonhöhe ausmachen. Sie werden deshalb nicht als Klänge, sondern nur als Geräusche wahrgenommen. Solche Geräusche sind z.B. Klirren, Prasseln oder Rauschen.[91]

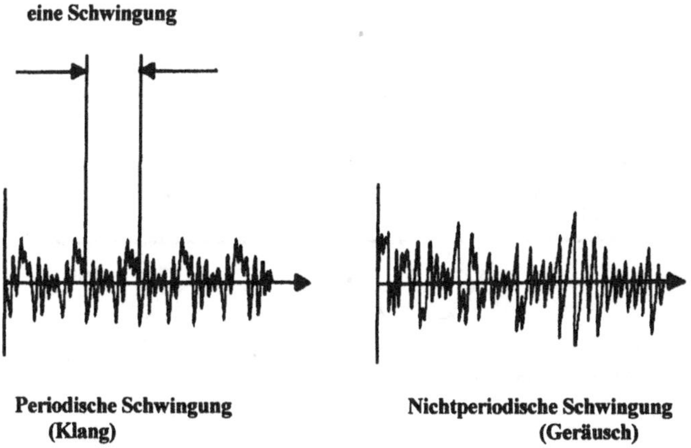

Abbildung 1: Periodische und nichtperiodische Schwingung

[90] Durch ein Näherungsverfahren, die sog. Fourier-Analyse, vgl. Ackermann, S.16.
[91] Gorges/Merck, S.37; Stroppe, S.294; Gerthsen/Vogel, S.179; Neumann, S.1.

3. Tonhöhe und Lautstärke

Die Tonhöhe einer Schwingung ergibt sich aus der Anzahl der Schwingungsdurchgänge pro Zeiteinheit, die als Frequenz bezeichnet wird. Die Frequenz wird in Hertz (Hz), d.h. Schwingungen pro Sekunde, ausgedrückt.[92] 500 Schwingungen pro Sekunde sind folglich 500 Hz. Je höher die Frequenz ist, um so höher ist der zu hörende Ton.[93]

Die Lautstärke einer Schwingung wird durch ihre maximale Auslenkung vom Nullpunkt, der sog. Amplitude, bestimmt.[94]

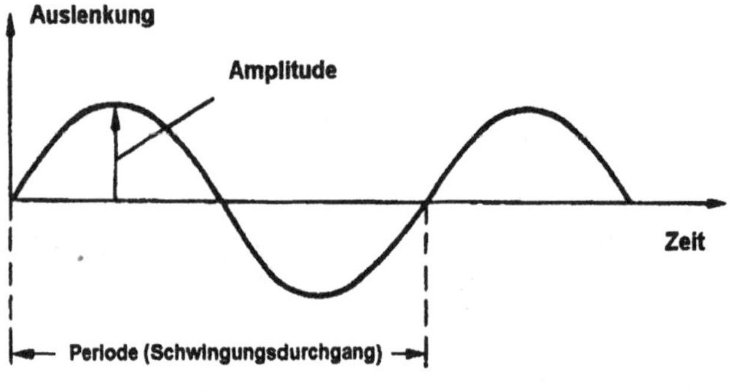

Abbildung 2: Periode und Amplitude einer Schwingung

[92] Ackermann, S.8; Neumann, S.1f.
[93] Der Mensch kann allerdings nur Schwingungen im Bereich von 16 bis ca. 20000 Hertz (20 kHz) hören. Sonst könnte man z.B. Winken mit der Hand hören, Reetze, S.15.
[94] Enders, Klangwelt, S.41; Neumann, S.2.

4. Klangfarbe

Die Unterscheidung zwischen Klängen verschiedener Instrumente oder Stimmen wird erst durch deren verschiedene Klangfarben ermöglicht.[95] Die Klangfarbe eines Klanges wird durch dessen Obertonspektrum bestimmt.[96] Jede komplexe Schwingung, d.h. jede Schwingung, die aus mehr als einer Sinusschwingung besteht, setzt sich aus einem Grundton und einer Reihe von Obertönen zusammen. Die Sinusschwingung mit der tiefsten Frequenz und der größten Lautstärke bestimmt in der Regel die Tonhöhe und wird als Grundschwingung oder Grundton bezeichnet. Nur diese Grundschwingung bestimmt unseren Tonhöheneindruck. Die anderen Schwingungen werden dagegen als Obertöne bezeichnet und wirken sich als spezifische Klangfarbe aus.[97]

Dies läßt sich am Beispiel einer Klaviersaite verdeutlichen. Schlägt man eine Klaviertaste an, so wird die Klaviersaite durch einen Hammer in Schwingungen versetzt. Sie schwingt aber nicht nur in ihrer gesamten Länge (Grundschwingung), sondern sie teilt sich praktisch in einzelne Abteilungen auf, die ihrerseits Teilschwingungen ausführen. Diese Teilschwingungen erzeugen die für die Klangfarbe zuständigen Obertöne. Bei obertonreichen Klängen können sechzehn und mehr Teiltöne für die Klangfarbe von Bedeutung sein.[98]

Stehen die Frequenzen der Obertöne in einem glatten, ganzzahligen Verhältnis zur Grundschwingung (z.B. 1:2:3:4:...), werden sie als harmonische Obertöne bezeichnet. Sind die Obertöne nicht harmonisch, stehen sie also in keinem ganzzahligen Verhältnis zur Grundschwingung, werden die Klänge ebenfalls als nichtharmonisch und damit als ein Geräusch empfunden. Es gibt allerdings auch Mischformen, die

---

95 Ackermann, S.7.

96 Jeder Klang hat sein eigenes typisches Obertonspektrum. Dieses läßt sich in einer Graphik darstellen, bei der auf der horizontalen X-Achse die Frequenz des Tones, auf der vertikalen Y-Achse dessen Lautstärke angezeigt wird. Siehe Reetze, S.18; Ackermann, S.15.

97 Gorges/Merck, S.38f; Enders, Klangwelt, S.48; Dorn/Bader, S.182; Gerthsen/Vogel, S.179.

98 Enders, Klangwelt, S.50.

zwar harmonische, aber auch nichtharmonische Obertöne enthalten, z.B. der Klang einer Glocke.[99]

Die Klangfarbe wird darüber hinaus durch die Resonanz bestimmt. Treffen Schallwellen auf einen Körper, regen sie diesen zum Mitschwingen an. Dabei hat jeder Körper Frequenzen, bei denen er besonders gut mitschwingt. Als Folge daraus treten Töne dieser Frequenzen verstärkt hervor. Dadurch wird das Obertonspektrum verändert, so daß sich die Klangfarbe verändert. Die durch diese Resonanzen ausgelösten Hervorhebungen bezeichnet man als Formaten. Jedes Musikinstrument mit einem Klangkörper hat durch diesen seine eigenen, speziellen Formaten.[100]

5. Zeitlicher Verlauf des Klangs

Neben der Tonhöhe, der Lautstärke und der Klangfarbe wird ein Klang auch durch den zeitlichen Verlauf der Schwingungsform hinsichtlich ihrer Amplitude (Lautstärke) bestimmt. Sowohl die Amplitude des Grundtons als auch die Amplituden der Obertöne verändern sich zeitabhängig, so daß sich Lautstärke und Klangfarbe des Gesamtklangs verändern.[101] Umhüllt man die Veränderung der Amplitude einer Schwingung mit einer durchgezogenen Linie, erhält man eine Kurve. Diese wird als Hüllkurve bezeichnet. Mit Hilfe einer solchen Hüllkurve kann die Amplitudenveränderung einer Schwingung dargestellt werden.[102]

6. Ton und Klang

Die Begriffe Ton und Klang werden oft synonym angewandt. Physikalisch gesehen ist jedoch nur der Sinuston wirklich ein Ton. Dies liegt daran, daß ausschließlich

[99] Reetze, S.20; vgl. auch Kaegi, S.54-57.
[100] Reetze, S.21; Ackermann, S.23f.
[101] Der Klang eines Klavieres wird z.B. beim Abklingvorgang leiser und dumpfer (Verlust an Obertönen).
[102] Enders, Klangwelt, S.87; Reetze, S.22.

der Sinuston aus einer einzigen Frequenz besteht, die mit der wahrgenommenen Tonhöhe identisch ist. Alle Schwingungen, die aus mehreren Sinusschwingungen bestehen, sind dagegen Klänge. Was musikalisch oft als Ton bezeichnet wird, ist somit physikalisch bereits ein Klang.[103]

7. Zusammenfassung

Jeder Klang besteht aus einer oder mehreren Schwingungen. Zusätzlich kann er auch verschiedene Geräuschanteile besitzen. Die Tonhöhe eines Klanges ergibt sich aus der Frequenz der Grundschwingung, die Lautstärke aus den Amplituden der Schwingungen. Das, was unser Gehör als Klangfarbe wahrnimmt, wird durch Anzahl, Verteilung und Amplitudenverhältnisse der in einem Klang enthaltenen Obertöne bestimmt. Charakteristisch für einen Klang ist auch sein zeitlicher Verlauf, d.h. die Veränderung der Schwingungsamplituden im Laufe der Zeit. Somit ist bereits ein Einzelklang ein sehr komplexes Gebilde, dessen konkrete Ausgestaltung von einer Reihe von Faktoren abhängig ist.

IV. Elektronisch erzeugte Einzelsounds

Einzelsounds oder Einzelklänge können auf verschiedene Arten entstehen. Zunächst sind die Natursounds zu nennen. Dies sind die Geräusche, die die natürliche Umgebung des Menschen hervorbringt. Des weiteren gibt es die Möglichkeit, Klänge mit Musikinstrumenten zu erzeugen, wobei man zwischen den mit mechanischen oder akustischen Musikinstrumenten und den mit elektronischen Musikinstrumenten erzeugten Einzelsounds unterscheiden kann.[104] Dem Menschen standen

[103] Gerthsen/Vogel, S.179; Enders, Klangwelt, S.48; Reetze, S.16; Neumann, S.1; zur Abgrenzung des Akkordes vom Klang siehe Kaegi, S.43f.

[104] Jörger, S.100f.; Ruschkowski, Musik und Gesellschaft, S.346 (346); Schlingloff, S.26ff. Auch der Klang akustischer Instrumente läßt sich mit elektronischen Geräten verändern.

nicht immer elektronische Musikinstrumente zur Verfügung. Sie sind das Ergebnis sehr langer Bemühungen. Die Geschichte der elektronischen Klangerzeuger verdeutlicht, wie schnell sich die elektronischen Klangerzeuger von bestaunten Exoten zu nicht mehr aus dem Musikschaffen hinwegzudenkenden Musikinstrumenten entwickelt haben.

1. Geschichte der elektronischen Klangerzeugung

Seit jeher ist die Suche nach neuartigen Musikinstrumenten und neuen Klängen Bestandteil des Musizierens.[105] Musiker verwendeten die verschiedensten Gegenstände, um mit ihnen Musik zu machen und ihnen Klänge zu entlocken.[106] Auch die Erzeugung automatischer Musik gehört zu den alten Wunschträumen des Menschen.[107] So existierten bereits im Altertum der chinesischen Musikkultur handbetriebene Musikautomaten, die z.B. die Melodien von Singvogelstimmen wiedergeben konnten. Seit dem vierzehnten Jahrhundert verbreiteten sich in Europa Glokkenspiele mit Stiftwalzensteuerung, im neunzehnten Jahrhundert Spieldosen, Orchestrions und Walzenklaviere.[108]

Das erste elektronische Musikinstrument, das sog. „Dynamophon“, auch „Telharmonium“ genannt, wurde um 1900 von dem Amerikaner Thaddeus Cahill konstruiert. Diese 200 Tonnen schwere Orgelmaschine arbeitete nach dem Prinzip eines Zahnradgenerators. In Ermangelung einer Möglichkeit, die Klänge des „Dynamophons“ elektronisch zu verstärken, schloß Cahill das Instrument an das städtische Telefonnetz an.[109] Im Jahre 1920 präsentierte der russische Konstrukteur Leon Theremin sein „Aetherophon“, ein elektronisches Musikinstrument, bei dem

---

[105] Ackermann, S.25.
[106] Weßling, S.13.
[107] Batel/Salbert, S.19f.
[108] Batel, Das Musikinstrument 10/1985, S.76 (77f.).
[109] Batel/Salbert, S.20; Ruschkowski, Soundscapes, S.17f.

der Spieler Tonhöhenveränderungen durch das Annähern und Entfernen der Hände von einer Antenne bewirken konnte. Wichtige Schritte auf dem Weg zum frei programmierbaren live-elektronischen Synthesizer waren auch das „Sphärophon“ des Deutschen Jörg Mager, die „Ondes Martenot“ des Franzosen Martenot und das „Trautonium“ des Deutschen Friedrich Trautwein, das vom Trautwein-Mitarbeiter Oskar Sala zum Mixturtrautonium verbessert und durch dessen kompositorisches Wirken bekannt wurde. Bedeutung hat außerdem die 1934 durch Laurence Hammond entwickelte Hammond-Orgel erlangt.[110] In den fünfziger Jahren nahm sich die Wissenschaft des Themas der künstlichen Klangerzeugung an, und es entstanden riesige elektronische Labors, die mit ihren Maschinen ganze Räume füllten, z.B. das NWDR-Studio in Köln.[111]

Der erste spannungsgesteuerte Synthesizer wurde im Jahre 1964 vom Amerikaner Robert A. Moog vorgestellt.[112] Mit der Spannungssteuerung hatte Moog ein Prinzip zur Erstellung elektronischer Klänge gefunden, das bis in die heutige Zeit die technische Basis für eine ganze Generation von elektronischen Musikinstrumenten geblieben ist. Die vielfältigen Klangmöglichkeiten der Moog-Synthesizermodule erlaubten die Schaffung elektronischer Versionen von Klangfarben bekannter Orchesterinstrumente in einer bis dahin nicht erreichten Plastizität.[113] Der Moog-Synthesizer bestand aus einer Reihe einzelner Klangmodule und war nur für den Einsatz im Tonstudio entwickelt worden. 1970 entwickelte Robert A. Moog deshalb den „Minimoog“, der kleiner, für die Bühne tauglich, viel billiger und damit

---

110 Siehe zu diesen und weiteren elektronischen Musikinstrumenten umfassend Reetze, S.23-30; Ruschkowski, Soundscapes, S.23-78; Ackermann, S.25-27; Batel/Salbert, S.19-25; Kaegi, S.16f.

111 Ackermann, S.26.

112 Der Moog-Synthesizer gilt als erster kommerziell erwerblicher Synthesizer überhaupt. Ackermann, S.26.

113 Ruschkowski, Soundscapes, S.44f. Zur enormen Popularität, die der Moog-Synthesizer erlangte, hat vor allem die 1968 veröffentlichte Platte „Switched on Bach“ des amerikanischen Komponisten Walter Carlos beigetragen, auf der er bekannte Originalwerke Johann Sebastian Bachs mit dem Moog-Synthesizer spielte. Diese Platte erregte großes Aufsehen und wurde über eine Millionen Mal verkauft, vgl. Ruschkowski, Soundscapes, S.45.

auch für eine größere Zahl von Musikern erschwingbar war. Der „Minimoog“ fand eine enorme Verbreitung und wurde zum Standard für die Rockmusik.[114]

Auch andere Firmen begannen Synthesizer zu entwickeln, so etwa die englische Firma EMS (Electronic Music Studio) und einige japanische Firmen (Roland, Korg, Yamaha). Waren die ersten Synthesizer noch monophon, d.h. nur einstimmig spielbar, wurde mit der Zeit die Polyphonie zum Standard, und die Anzahl der verfügbaren Stimmen nahm immer weiter zu. Die Instrumente wurden um Speichereinrichtungen erweitert, die es erlaubten, einmal gefundene Klänge abzuspeichern und später mit einem Tastendruck wieder abzurufen.[115] Zudem setzte sich die Klavier-Tastatur als Steuereinrichtung für den Synthesizer durch, so daß der Synthesizer für Pianisten ohne eine große Umstellung ihrer Spieltechnik spielbar wurde. Darin liegt der Grund dafür, daß der Synthesizer von vielen heute automatisch als Tasteninstrument verstanden wird.[116] Gleichzeitig entfernte sich der Synthesizer jedoch immer weiter von dem Prinzip der freien Kombinierbarkeit der einzelnen Synthesizermodule.

Wesentliche Neuerungen ermöglichte das Aufkommen der Digitaltechnik in den späten siebziger Jahren. Die Digitaltechnik erlaubte es, neue Synthesearten zur Klangerzeugung einzusetzen. Darüber hinaus wurde das Sampling, die Digitalisierung von Klängen jeder Art, möglich.[117] Zwar arbeiten die meisten heute hergestellten Synthesizer mit digitaler Technik, die analogen Synthesizer sind jedoch wegen ihres „warmen“ Klangcharakters nicht völlig verdrängt worden, sondern kommen in vielen Studios immer noch zum Einsatz.[118]

---

[114] Ackermann, S.26.
[115] Batel/Salbert, S.25.
[116] Behrendsen/Rüsenberg, Rock Session 2, S.136 (143).
[117] Halbscheffel/Kneif, S.379; Gorges/Merck, S.36; Moog, Midi, Keyboards, Homerecording, S. 79 (80).
[118] Insbesondere im Bereich der Dance-Musik ist in letzter Zeit sogar eine verstärkte Verwendung analoger Musikinstrumente, wie z.B. der Roland TR 808 oder TB 303, zu beobachten.

2. Funktionsweise eines Synthesizers

Um die außergewöhnlichen klanglichen Möglichkeiten von elektronischen Musikinstrumenten richtig beurteilen zu können, ist es unerläßlich, wenigstens die Grundzüge der Funktionsweise dieser Musikinstrumente zu kennen.

Der Name Synthesizer stammt von dem englischen Verb „to synthesize“, das ins Deutsche übersetzt so viel wie zusammenfügen oder zusammensetzen heißt. Dementsprechend erzeugen Synthesizer ihre Klänge in der Regel dadurch, daß mit programmierbaren Bausteinen ein Klang aus vielen einzelnen Bestandteilen zu einem Ganzen zusammenfügt wird.[119] Der Synthesizer beruht auf der Idee, mit Hilfe der elektronischen Klangerzeugung beliebige Klangstrukturen verwirklichen zu können. Auf diesem Wege sollten die Grenzen der traditionellen Musikinstrumente mit ihren weitgehend unveränderlichen Klangfarben und Spieltechniken überwunden werden.[120]

Synthesizer arbeiten heute mit den verschiedensten Verfahren zur Erzeugung von Klängen. Dabei lassen sich alle theoretisch existierenden Syntheseprinzipien rein digital realisieren. Die Funktionsweise eines Synthesizers soll hier trotzdem am Beispiel eines analogen Synthesizers erläutert werden.[121] Dies erscheint sinnvoll, da die subtraktive Synthese, die in analogen Synthesizern zum Einsatz kommt, auch heute noch die Basis eines großen Teils der digitalen Syntheseformen bildet.[122] Die Kenntnis des analogen Klangerzeugungsverfahrens ist dadurch für das Verständnis von mit Synthesizern möglichen klanglichen Manipulationen nach wie

---

[119] Gorges/Merck, S.35.

[120] Enders, Klangwelt, S.7; vgl. auch Ziegenrücker/Wicke, S.383f.

[121] „Der Begriff 'analog' bedeutet 'gleichförmig, stetig, entsprechend'. Der Änderung einer elektronischen Schwingung, der Audiospannung, entspricht also eine bestimmte Klangänderung. Im Gegensatz hierzu ist die digitale Elektronik dadurch gekennzeichnet, daß sie alle Signale digitalisiert, d.h. in kleinste Stücke zerlegt, die dann in Form von festen Zahlenwerten weiter verarbeitet werden. 'Digital' bedeutet soviel wie 'sprunghaft, diskret, stufenförmig'. Nach dem Bearbeitungsprozeß müssen alle Zahlenwerte allerdings wieder in ein analoges Signal verwandelt werden, denn das menschliche Ohr hört 'analog'.“; Enders, Klangwelt, S.9f.

[122] Gorges/Merck, S.44.

vor wichtig, zumal es das schon fast standardisierte Vokabular für die allgemeine Beschreibung klanglicher Operationen liefert.[123]

Ein analoger Synthesizer ist prinzipiell modular aufgebaut, wobei die verschiedenen Module die einzelnen Klangbausteine bilden. Bei den ersten analogen Synthesizern, z.B. dem Moog-Synthesizer, existierte jedes Modul als separates Hardwaregerät. Eine komplette Synthesizerstimme wurde erst durch die Verkabelung der Module untereinander aufgebaut.[124] Die in einem solchen Synthesizer vorhandenen elektronischen Module lassen sich drei Bereichen zuordnen: der Klangerzeugung, der Klangverarbeitung und der Klangsteuerung.

a) Module zur Klangerzeugung

Wichtigstes Modul zur Klangerzeugung ist der Oszillator. Der Oszillator ist ein Schwingungserzeuger, der verschiedene Schwingungen erzeugen kann, die wir als Töne wahrnehmen, wenn sie an unser Ohr dringen. In der Regel liefert der Oszillator bei analogen Synthesizern Sinus-, Dreieck-, Rechteck-, Puls- und Sägezahnschwingungen. Diese Schwingungen bilden die Grundklangfarben des Synthesizers. Außer der Wellenform wird am Oszillator auch die Tonhöhe bestimmt. Diese läßt sich in Oktaven vorwählen und feineinstellen. Dabei bietet der Oszillator eines Synthesizers mit rund 20 Oktaven einen erheblich größeren Frequenzbereich als traditionelle Instrumente.[125]

Oft ist bereits in den Oszillator mit dem Rauschgenerator (Noise) ein weiterer Baustein der Klangerzeugung integriert. Mit ihm lassen sich Klangeffekte, die direkt aus Rauschen bestehen, wie Wind oder Donner, realisieren. Das Signal des

[123] Ruschkowski, Soundscapes, S.49.
[124] Heute läßt sich dies alles digital programmieren.
[125] Enders, Klangwelt, S.13ff.; Gorges/Merck, S.46.

Rauschgenerators kann aber auch dem Oszillatorsignal beigemischt werden, um Nebengeräusche von Klängen zu erzeugen, z.B. das Anblasgeräusch einer Flöte.[126]

Der Klangerzeugung können zudem auch externe Klangquellen dienen, die z.B. per Mikrophon dem Synthesizer zugeführt werden, also etwa eine Gitarre.[127]

b) Module zur Klangverarbeitung

aa) Filter

Jeder analoge Synthesizer enthält ein sogenanntes Tiefpaßfilter. Dieses läßt die tiefen Anteile einer Wellenform passieren. Die oberen hingegen beschneidet es ab einer bestimmbaren Frequenz, die dementsprechend als Cutoff-Frequenz bezeichnet wird. Die Klangformung des Analogsynthesizers wird im wesentlichen dadurch bestimmt, daß das Filter die Obertonanteile der Rohwellen beeinflußt. Wie stark die oberen Anteile abgeschnitten werden, ist durch die Flankensteilheit des Filters beeinflußbar. Ein weiterer wichtiger Parameter ist die Resonanz, mit der sich die Frequenzanteile um die Cutoff-Frequenz hervorheben lassen. Die Auslegung des Filters hat somit eine entscheidende Bedeutung für die Klangcharakteristik eines Synthesizers.[128]

bb) Amplifier (Verstärker)

Der Verstärker hat die Aufgabe, die Lautstärke des Eingangssignals anzuheben oder abzusenken. Er bestimmt folglich die Lautstärke des Klangsignals durch eine Veränderung der Amplitude, sog. Amplitudenmodulation.[129]

---

[126] Gorges/Merck, S.49; Enders, Klangwelt, S.32f.
[127] Enders, Klangwelt, S.34.
[128] Neben dem Tiefpaßfilter gibt es Hochpaßfilter, die die unteren Frequenzanteile beschneiden, Bandpaßfilter, die sowohl Anteile unter als auch oberhalb der Cutoff-Frequenz beschneiden und Sperrpaßfilter, die die Rohwelle nur im Bereich der Cutoff-Frequenz beschneiden, die äußeren Bereiche aber passieren lassen, vgl. Gorges/Merck, S.46f.; Enders, Klangwelt, S.55ff.
[129] Enders, Klangwelt, S.41; Gorges/Merck, S.48; Reetze, S.35.

Die bisher vorgestellten Synthesizerbausteine sind folgende:

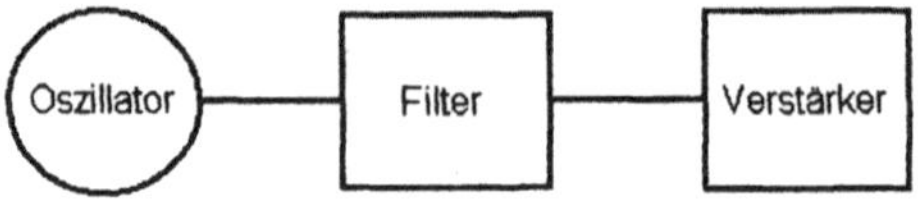

Abbildung 3: Die Synthesizerbausteine zur Klangerzeugung und - verarbeitung

Mit Hilfe dieser Synthesizermodule läßt sich zwar schon ein Ton erzeugen, dieser klingt aber sehr starr und leblos und damit wenig musikalisch. Deshalb gibt es weitere Module, die eine Steuerung und zeitliche Veränderung des Klanges ermöglichen.

c) Module zur Klangsteuerung

aa) Das Prinzip der Spannungssteuerung

Wesentliche Neuerung des 1964 von Robert A. Moog vorgestellten Synthesizers war das Prinzip der Spannungssteuerung (englisch: Voltage Control = VC). Dieses Prinzip beruht darauf, daß jedes Synthesizermodul von einer Spannung gesteuert wird. Veränderungen der elektronisch realisierten Klangvorgänge, die sogenannten Modulationen, können deshalb durch Änderungen der Steuerspannungen bewirkt werden. Diese Steuerspannungen stammen wiederum von den anderen Synthesizermodulen, denn jedes Modul läßt sich nicht nur durch eine Spannung steuern, sondern produziert auch selbst eine Steuerspannung. Auf diesem Wege können sich alle Module des Synthesizers uneingeschränkt gegenseitig beeinflussen. Die verschiedenen klanglichen Vorgänge müssen dadurch nicht umständlich einzeln mit der Hand geregelt werden, sondern laufen nach der Vorgabe des Musikers gewissermaßen automatisch ab. Erst das Prinzip der Spannungssteuerung ermöglicht es somit, die klanglichen und musikalischen Möglichkeiten der Synthesizerbausteine voll zu nutzen.[130]

Auch die oben vorgestellten Synthesizerbausteine zur Klangerzeugung und Klangverarbeitung sind im Analogsynthesizer spannungsgesteuert. Sie werden deshalb als VCO (Voltage Controlled Oscillator), VCF (Voltage Controlled Filter) und VCA (Voltage Controlled Amplifier) bezeichnet.[131] Durch die Spannungssteuerung ist es z.B. möglich, am VCO die Tonhöhe oder am VCA die Lautstärke des Signals zu verändern. Speziell zur Erzeugung von Steuerspannungen dienen der Envelope-Generator (EG) und der Low Frequency Oszillator (LFO).[132]

bb) Envelope-Generator (EG)

Mit dem EG lassen sich Hüllkurven, d.h. zeitabhängige Verläufe des Signals, erzeugen.[133] In Analogsynthesizern handelt es sich dabei in der Regel um sogenannte ADSR-Hüllkurven. Mittels dieser Hüllkurven können eine Anstiegszeit (Attack Time), eine erste Ausklingphase (Decay Time), ein Haltepegel (Sustain Level) und eine zweite, endgültige Ausklingzeit (Release Time) bestimmt werden. Diese Hüllkurven stellt der Envelope-Generator in Form einer entsprechend steigenden oder fallenden Spannung zur Verfügung, die jedem anderen Modul als Steuerspannung zugeführt werden kann. Im VCA etwa wird die Hüllkurve in einen Lautstärkeverlauf umgesetzt. Steuert der EG den VCF, würde sich gemäß der Hüllkurve die Klangfarbe ändern. Mit dem EG lassen sich so Klangdauer und Klangverlauf

---

130 Enders, Klangwelt, S.8f.; Reetze, S.34; Ziegenrücker/Wicke, S.385.

131 In Digitalsynthesizern dagegen als DCO, DCF und DCA für Digital Controlled.

132 Diese Module ermöglichen es, Klangstrukturen zeitlich zu verändern, so daß zeitabhängige Klangverläufe programmiert werden können, vgl. Enders, Klangwelt, S.80.

133 Siehe zu den Hüllkurven auch oben, S.36.

bestimmen, was für die Erzeugung eines musikalischen Klanges von wichtiger Bedeutung ist, da in der Regel auch die Schwingungsverläufe mechanischer Instrumente bestimmte zeitliche Änderungen in der Lautstärke und in der Klangfarbe aufweisen. Je komplexer sich eine Hüllkurve bestimmen läßt, desto genauer kann man Klangverläufe nachbilden. Viele musikalische Abläufe, wie z.B. die Tonhöhenschwankungen beim Anblasen einer Trompete, lassen sich nur mit sehr komplexen Hüllkurven nachbilden.

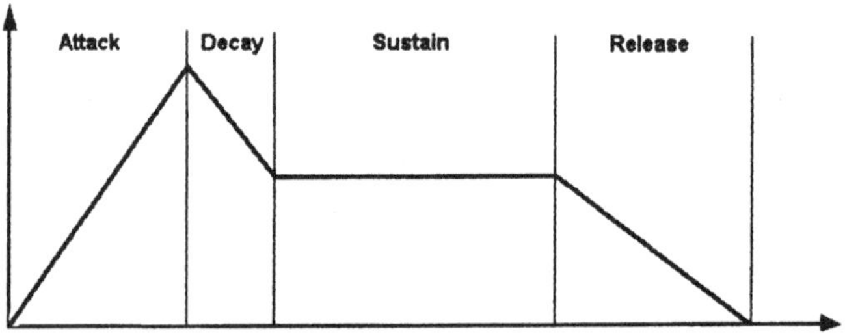

ADSR-Hüllkurve

Abbildung 4: Darstellung einer ADSR-Hüllkurve

In jedem Synthesizer befinden sich mindestens zwei Envelope-Generatoren, um sowohl den VCA als auch den VCF unabhängig voneinander steuern zu können. Darüber hinaus kann der EG im analogen Modulsynthesizer aber auch alle anderen Module steuern.[134]

cc) Low Frequency Oscillator (LFO)

Bei dem LFO handelt es sich um einen speziellen Oszillator, der sehr niedrige Schwingungen erzeugen kann, je nach Synthesizer zwischen 0,01 Hz und 30 Hz. Diese Schwingungen werden nicht als Audiosignale, sondern nur als Steuersignale

[134] Vgl. Enders, Klangwelt, S.86ff.; Gorges/Merck, S.48; Reetze, S.35ff.

eingesetzt. Mit Hilfe des LFO lassen sich eine große Anzahl von Klangmodulationen realisieren. Führt man z.B. dem VCO eine ständig leicht fallende und steigende Spannung aus dem LFO zu, ergibt sich eine ständige Tonhöhenveränderung, das sog. Vibrato. Wird dieselbe Spannung dem VCA zugeführt, ergibt sich eine ständig schwankende Lautstärke, das sog. Tremolo.[135]

dd) Weitere Steuermodule

Ein wichtiges Steuermodul ist auch die Tastatur (Keyboard), über die sich mittels Spannungen insbesondere die Tonhöhe des VCO steuern läßt. Der Grund für die Wahl der Klaviatur als Steuermodul ist wohl hauptsächlich in der großen Verbreitung des Klavierspiels zu suchen, die einem kommerziellen Erfolg des Synthesizers entgegenkommt.[136] Am Anfang waren Synthesizer nur mit einem monophonen Keyboard ausgestattet, d.h. die Tastatur konnte nur eine tonhöhenbestimmende Steuerspannung abgeben, so daß der Synthesizer auch nur einstimmig gespielt werden konnte. Mittlerweile sind Synthesizer in der Regel polyphon ausgelegt. Dadurch ist auf ihnen ein mehrstimmiges Spiel möglich. Ein mehrstimmiges Spiel setzt jedoch darüber hinaus voraus, daß genügend Oszillatoren, Verstärker usw. zur Verfügung stehen. Für jede Stimme muß praktisch ein eigener Synthesizer, bestehend aus VCO, VCA, VCF, EG und LFO, im Gesamtsystem enthalten sein. Bei einem sechsstimmigen Keyboard müssen die wichtigsten Module demnach sechsfach vorhanden sein, wenn keine wesentlichen Einschränkungen des polyphonen Spiels hingenommen werden sollen.[137]

Neben der Tastatur bietet das sog. Pitch-Bending-Rad, mit dem man die Tonhöhe nach oben oder unten „biegen“ kann, eine weitere Möglichkeit zur Beeinflussung

[135] Gorges/Merck, S.48f.; Reetze, S.37; Enders, Klangwelt, S.24, 42f.
[136] Ein Synthesizer kann aber nicht nur über eine Tastatur, sondern auch über andere Instrumente angesteuert werden. Erforderlich ist dazu ein Pitch-to-Voltage-Converter, der die Töne herkömmlicher Instrumente in elektrische Steuersignale umwandelt, die vom Synthesizer verarbeitet werden können, vgl. Ziegenrücker/Wicke, S.387.
[137] Enders, Klangwelt, S.28ff., 112f.

des Klangablaufs.[138] Sehr komplexe Möglichkeiten zur Programmierung von klanglichen Abläufen eröffnet zudem der sog. Sequenzer. Er erlaubt die Abspeicherung von Spannungen, die dann in einem bestimmbaren zeitlichen Ablauf abgegeben werden und die spannungssteuerbaren Parameter der Synthesizermodule steuern. So können komplette Melodien und Rhythmen, Lautstärke- und Klangfarbenmodulationen und vieles mehr gespeichert werden und sind auf Knopfdruck abrufbar.[139]

d) Zusammenfassung

Die wichtigsten Module eines Analogsynthesizers sind:

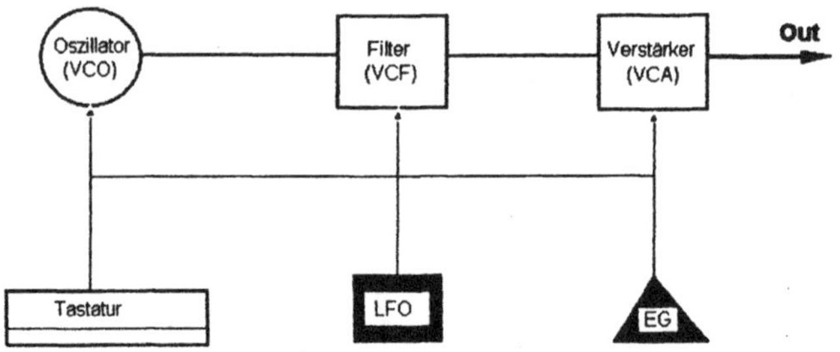

Abbildung 5: Wichtigste Module eines analogen Synthesizers im Überblick

Im VCO werden Rohwellenformen bzw. Schwingungen erzeugt. Diese werden im VCF und VCA weiterverarbeitet, wobei die Form der Schwingung durch eine Beeinflussung der Amplitude und des Teiltonspektrums verändert wird. Dadurch entstehen Lautstärke und Klangfarbenänderungen. Der Klangsteuerung dienen, mittels

---

138 Reetze, S.37.

139 Enders, Klangwelt, S.106ff. Moderne Sequenzer arbeiten dagegen auf digitaler Ebene und sprechen Synthesizer über die MIDI-Schnittstelle an.

des Prinzips der Spannungssteuerung, EG, LFO und Tastatur. Mit ihrer Hilfe lassen sich Veränderungen der Lautstärke, der Tonhöhe und der Klangfarbe erzeugen.

e) Weitere Klangerzeugungsverfahren

Neben der eben dargestellten subtraktiven Synthese existieren eine Reihe weiterer Synthesearten, die in verschiedenen Synthesizern zum Einsatz kommen.

Während bei der subtraktiven Synthese einer obertonreichen Schwingung durch das Filter Anteile entzogen werden, geht die additive Synthese gerade den umgekehrten Weg. Sie beruht auf einem Theorem des Physikers und Mathematikers J.B.J. Fourier, dem zufolge jeder Klang als eine Summe von Sinuswellen aufgefaßt werden kann. Deshalb kam Fourier zu dem Ergebnis, daß es möglich sein müßte, Klangfarben mit Sinuswellen synthetisch nachzubilden. Als problematisch hat sich dabei allerdings die große erforderliche Anzahl von Synthesizermodulen erwiesen. Es bedarf sehr vieler Sinusgeneratoren zur Erzeugung der Sinusschwingungen, Hüllkurvengeneratoren zur Programmierung von Klangabläufen, Verstärkern und vielem mehr. So ergibt sich mit analogen Modulen schnell ein untragbarer Aufwand.[140] Durch den Fortschritt der Digital- und Computertechnologie läßt sich die additive Synthese heute problemlos realisieren und findet in verschiedenen Ausprägungen in Synthesizern Verwendung.[141]

Viele andere Syntheseprinzipien bauen auf den Grundgedanken der additiven und subtraktiven Synthese auf und sollen deshalb nur kurz erwähnt werden. Einen Meilenstein auf dem Gebiet der digitalen Klangerzeugung stellt die FM-Synthese dar, die den Yamaha DX-7 Synthesizer für lange Zeit zu einem der populärsten Synthesizer machte. Roland setzte im D-50 erstmals die sog. LA-Synthese ein, die

[140] Reetze, S.30ff.
[141] Gorges/Merck, S.50f.

aus einer Mischung aus subtraktiver Synthese und der Verwendung von Samples besteht. Darüber hinaus gibt es beispielsweise die Wavetable-Synthese, die Vector-, ROM-Sample-, Phase Distortion und die Time Slice Synthese.[142]

Obwohl bereits eine große Anzahl von Klangsyntheseverfahren existiert, entwikkeln die Hersteller elektronischer Musikinstrumente immer neue Synthesearten, die noch ungewöhnlichere Synthesizerklänge oder noch bessere Imitationen traditioneller Instrumente ermöglichen sollen. Erwähnenswert ist dabei insbesondere das sog. Physical Modeling, das unter anderem noch naturgetreuere Imitationen traditioneller Instrumente liefern soll. Physical Modeling geht insoweit einen neuen Weg, als nicht versucht wird, einen speziellen Klang nachzubilden, sondern den Klangerzeuger mit all seinen Besonderheiten durch einen Algorithmus zu erfassen. Eine Klarinette wird z.B. mit Mundstück, Blättchen, Grifflöchern, Korpus usw. und dem Verhalten dieser Bestandteile beim Spiel auf der Klarinette erfaßt. So kann ein Klarinettenklang mit allen Modulationen und Besonderheiten des Klarinettenspiels nachgebildet und auf dem Synthesizer imitiert werden.[143]

f) Aufbau moderner Synthesizer

Wie oben bereits erwähnt, arbeiten die meisten Synthesizer heute nicht mehr mit analoger, sondern mit digitaler Technologie. Die entsprechenden analogen Bausteine werden nur noch durch programmierte Algorithmen „simuliert".

Der Einsatz der Digitaltechnik hat dazu geführt, daß die Klangeinstellungen des Synthesizers abspeicherbar sind. Jeder heute hergestellte Synthesizer verfügt daher über eine große Anzahl von Speicherplätzen zur Speicherung von Klangprogrammen. Zudem hat die Digitaltechnik eine Miniaturisierung der Synthesizerbausteine

---

142 Ausführliche Erläuterung bei Gorges/Merck, S.51ff.; siehe auch Ackermann, S.103ff.

143 Ausführliche Erläuterung bei Brüse, Keyboards 4/94, S.44-73; siehe zu den Perspektiven elektronischer Klangerzeugung Moog, Midi,Keyboards, Homerecording, S.79-85.

und eine Herstellung von Synthesizern zu niedrigen Preisen ermöglicht. Synthesizer verfügen über eine immer größere Anzahl von polyphonen Synthesizerstimmen[144], und integrierte Effektgeräte gehören zur Standardausstattung. Dadurch lassen sich mit Synthesizern immer komplexere Klänge verwirklichen.

Zudem sind heute alle Synthesizer mit einem MIDI-Interface[145] ausgerüstet. Dabei handelt es sich um eine genormte Schnittstelle für Musikinstrumente. Mit Hilfe dieser Schnittstelle wird ein Austausch musiktechnischer Informationen, wie z.B. Tonhöhe und Tondauer, zwischen allen Geräten, die ein MIDI-Interface besitzen, möglich.[146] Dadurch können unter anderem mehrere Synthesizer zu einem Gesamtsystem vernetzt und von einer Tastatur aus gesteuert werden. Dies eröffnet die Möglichkeit, Klänge verschiedener Synthesizer übereinanderzulegen und auf diese Weise noch vielschichtigere Sounds zu erzeugen.[147]

3. Funktionsweise eines Samplers

Eigentlich stellt ein Sampler nichts anderes dar als ein sehr variables Tonband, das verzögerungsfrei vorher aufgenommene beliebige Klänge auf Tastendruck abspielen kann. Im Unterschied zum Tonband können bei einem Sampler diese Klänge jedoch transponiert und in vielfältiger Weise manipuliert werden. Damit dies möglich ist, werden im Sampler aufgenommene Signale nicht analog, sondern digital, d.h. in Form eines Zahlencodes, gespeichert. Dazu müssen die eintreffenden analogen Spannungen mit Hilfe eines Analog-Digital-Wandlers in digitale Spannungssignale umgewandelt werden. Der Analog-Digital-Wandler tastet die analoge

---

[144] Etwa 64 Stimmen im Roland JV 1080 oder Ensoniq MR RACK.
[145] Musical Instrument Digital Interface.
[146] Dies sind nicht nur Synthesizer, sondern auch Mischpulte, Effektgeräte, Computer und vieles mehr.
[147] Umfassend zu MIDI: Gorges/Merck, S.167ff.; siehe auch Enders, musica 6/1989, S.487 (491f.).

Schwingung mit großer Schnelligkeit ab und entnimmt Spannungsproben.[148] Die entnommenen Werte werden in konstante Zahlenwerte im Binärcode[149] verrechnet und als Zahlenfolge im Speicher festgehalten. Die Qualität der Aufnahme des Klanges wird dabei durch die Höhe der Abtastfrequenz, d.h. die Anzahl der Abtastungen des analogen Signals (sog. Sampling-Rate) und den Dynamikumfang des Samples (Bit-Auflösung) bestimmt. Soll ein aufgenommener Klang wieder hörbar gemacht werden, erfolgt der ganze Vorgang genau anders herum, d.h. ein Digital-Analog-Konverter wandelt die einzelnen digitalen Zahlenwerte wieder in analoge Spannungswerte um.[150]

Der einmal aufgenommene und digitalisierte Klang kann im Sampler auf vielfältige Weise bearbeitet werden. Dafür stehen in vielen Samplern die von Synthesizern bekannten Elemente wie Filter, Hüllkurven-Generatoren und LFOs zur Verfügung. Zudem sind oft auch eine Reihe spezieller, nur für Sampler typischer Bearbeitungsmittel vorhanden. Dies ist z.B. die Time-Stretching Funktion, die es ermöglicht, das Sample in der Tonhöhe zu ändern, ohne daß sich die Länge ändert oder in der Länge zu verändern, ohne daß sich die Tonhöhe verändert. Interessant ist auch die Funktion der Schleifenbildung (Loop), bei der das Sample zwischen zwei bestimmbaren Punkten ständig wiederholt wird.[151]

Sampler wurden zunächst hauptsächlich dafür eingesetzt, um möglichst hochwertige Imitationen traditioneller Musikinstrumente zu erstellen. Problematisch ist dabei jedoch, daß der Sampler zwar einen aufgenommenen Klang in sehr guter Qualität reproduzieren kann, klangtechnische Nuancen des aufgezeichneten Instrumentes,

---

[148] Das Wort Sample stammt aus dem Englischen und bedeutet übersetzt Probe.

[149] Ein Sampler arbeitet nicht mit dem Dezimalsystem, sondern mit der binären Codierung, also nur mit der Unterscheidung in 0 und 1.

[150] Enders, Klangwelt, S.35f.; Gorges/Merck, S.88ff.; siehe zur Funktionsweise des Samplings auch: Brem, Musikexpress/Sounds, 3/1987, S.66 (66f.); Andresen, Fono Forum 3/1986, S.30 (31); Enders, musica 6/1989, S.487 (491); Netzle, Das Orchester 1987, S.757 (758); Bickel, Neue Zeitschrift für Musik 3/1990, S.3 (3f.); Münker, S.6ff.; Weßling, S.24-30.

[151] Siehe zu diesen und weiteren Bearbeitungsmöglichkeiten Gorges/Merck, S.97-107.

wie z.B. Veränderungen der Klangfarbe oder des Anblasgeräusches, bei veränderter Lautstärke aber nicht berücksichtigt werden. Der Sampler gibt den Klang nur so wieder, wie er aufgenommen wurde.[152] Daraus ergibt sich eine gewisse Starrheit und Leblosigkeit des Klangbildes, durch die sich der Sampler in vielen Fällen noch eindeutig vom Original unterscheiden läßt.[153]

Mittels des Samplers lassen sich allerdings nicht nur traditionelle Instrumente imitieren, sondern jeder Klang und jedes Geräusch kann eingespeichert und in vielfältiger Weise bearbeitet werden. Dadurch hat sich für Musiker eine neue Klangwelt eröffnet. Es gibt kein Geräusch oder keinen Klang mehr, der nicht beliebig mit dem Sampler verändert und in ein Musikstück integriert werden könnte.

4. Möglichkeiten der Gestaltung von Einzelsounds

Das Ziel der Entwicklung von elektronischen Klangerzeugern war es, maximale Klangvielfalt zu erreichen und alle Klangparameter dem Zugriff des Klangerstellers zu unterwerfen.[154] Diesem Ziel sind die elektronischen Klangerzeuger mittlerweile sehr nahe gekommen. Viele moderne Synthesizer bieten über 10.000 verschiedene Parameter an, mit denen Einfluß auf den Klang genommen werden kann.[155] Dadurch werden beliebige Veränderungen der Klangfarbe möglich[156], so daß eine sehr große Klangvielfalt besteht.[157] Diese mögliche Klangvielfalt wird zudem

[152] Die Annäherung an den abgesampelten Originalklang wird natürlich umso größer, je mehr verschiedene Samples von diesem Klang aufgenommen werden. Zudem können Veränderungen des Originalklanges zumindest teilweise auch mit Hilfe der internen Bearbeitungsmöglichkeiten des Samplers nachgebildet werden.

[153] In vielen Fällen allerdings auch schon nicht mehr. Die relative Starrheit und Leblosigkeit des Klangbildes beim Sampling will das oben erläuterte Physical Modelling gerade vermeiden.

[154] Ziegenrücker/Wicke, S.384.

[155] Jörger (S.95) weist zu Recht darauf hin, daß die geringe Veränderung des Einstellwertes eines einzelnen Parameters in der Regel noch nicht zu einer hörbaren Veränderung der Klangfarbe führt. Trotzdem ergibt sich aus der großen Anzahl veränderbarer Parameter noch eine überaus große Anzahl auch hörbar unterschiedlicher Klänge.

[156] Ziegenrücker/Wicke, S.199. Beyer (Zeitschrift für Musik 113, 1952, S.74 (76)) weist deshalb darauf hin, daß mit der Elektrifizierung der Akustik zum ersten Mal die Klangfarbe in ihrer ganzen Weite dem kompositorischen Zugriff verfügbargeworden ist.

[157] Enders/Rocholl, Ausgewählte Beiträge zur Popularmusikforschung, S.95 (95); Batel, Das Musikinstrument 10/1985, S.76 (77); Andresen, Fono Forum 3/1986, S.30 (31f.); Sandner, Rockmusik, S.81 (90); Enders, Substantielle Auswirkungen, S.265 (269, 271).

dadurch ständig erhöht, daß sich immer mehr einzelne Synthesizerstimmen zu einem Einzelsound verbinden lassen.[158] Ein elektronisch erzeugter Einzelsound setzt sich deshalb oft schon aus einer Reihe von verschieden gestalteten Klangfarben zusammen.[159] Mit modernen Synthesizern können dadurch Sounds verwirklicht werden, für die es früher einer Vielzahl von Synthesizern oder anderen Instrumenten bedurft hätte. Somit wird nicht zu Unrecht davon gesprochen, daß elektronische Musikinstrumente fast unendliche Möglichkeiten der Klangerzeugung, Klangbearbeitung und Klangformung bieten[160] und damit „faszinierende Klangwelten" eröffnen.[161] Durch die elektronischen Musikinstrumente steht den Musikern eine praktisch unbegrenzte Vielzahl von Klängen und Geräuschen für ihr musikalisches Schaffen zur Verfügung.[162] Diese ungeheure Klangvielfalt elektronischer Musikinstrumente ermöglicht auch die ungewöhnlichsten Klänge.[163]

---

158 Im Roland JV1080 lassen sich z.B. vier Partials mit jeweils einer Synthesizerstimme zu einem Patch verbinden. Bis zu sechzehn dieser Patches können wiederum in einer Performance zu einem Sound zusammengestellt werden. Mit dem Anschlag einer einzigen Keyboardtaste können somit im Maximalfall alle 64 Stimmen des JV1080 zum „Erklingen" gebracht werden.

159 Durch die immer weiter zunehmende Komplexität von Synthesizersounds stellt sich die Frage, inwieweit es sich bei Sounds moderner Synthesizer überhaupt noch um Einzelsounds handelt, bzw. ob nicht durch die Kombination verschiedener Klangfarben bereits ein der Kombination verschiedener Instrumente ähnlicher Gesamtsound vorliegt. Tatsächlich verschwimmen durch die Zunahme der möglichen einzelnen Klangbestandteile bei Synthesizersounds die Grenzen zwischen einem Einzelsound und dem sich aus einer Kombination verschiedener Instrumente ergebenden Gesamtsound immer mehr. Die Kunst der Klangrealisation weist insoweit durchaus auch Komponenten der Instrumentation auf. Vgl. dazu Rösing, Bedeutung der Klangfarbe, S.65. Diese Entwicklung wird noch dadurch verstärkt, daß sich mehrere Synthesizer über das MIDI-Interface problemlos miteinander verkoppeln lassen, so daß zur Realisierung von „Einzelsounds" auch mehrere verschiedene Synthesizer zum Einsatz kommen können.

160 Reetze, S.125.

161 Enders/Rocholl, Ausgewählte Beiträge zur Popularmusikforschung, S.95 (95).

162 Pfeiler, Beiträge zur Popularmusikforschung 12, S.36 (37, 43).

163 So veranlaßte die erste Begegnung mit elektronisch erzeugten Klängen den Musikschriftsteller H.H. Stuckenschmidt zu der Äußerung: „Es war, als stiegen aus dem Bereich des Mineralischen tönende Projektile empor in die Menschenwelt. Metalle schienen zu singen, technische Formen, wie die Spirale, zu Klang zu werden. Eine ganze Kettenreaktion von ineinanderschießenden Sinneseindrücken war entfesselt, eine drohende Über- oder Unterwelt der Assoziationen zog in eiliger panoramischer Vision vorbei", vgl. Kaegi, S.32.

5. Die Hersteller von Einzelsounds

Elektronisch erzeugte Einzelsounds werden von einer Reihe von Personen hergestellt. In Betracht kommt zunächst, daß der Komponist eines Musikstückes die Einzelsounds programmiert, die in seinem Musikstück Verwendung finden sollen. Angesichts der großen Bedeutung der einzelnen Sounds für den Gesamtklang des Musikstückes kann man davon ausgehen, daß der Komponist, wenn er dazu in der Lage ist, zumindest einen Teil der Sounds, die verwendet werden sollen, selbst programmiert.

Elektronisch erzeugte Einzelsounds werden darüber hinaus durch Musiker geschaffen. Vor allem Keyboarder müssen, wenn sie für Musikproduktionen interessant sein wollen, darauf achten, ausreichend gute Sounds zur Verfügung zu haben. Deshalb erschaffen eine Reihe von Musikern neue Einzelsounds auf elektronischen Musikinstrumenten.[164]

Dadurch, daß Synthesizer immer mehr Möglichkeiten bieten und immer schwieriger zu durchschauen sind, haben viele Komponisten und Musiker allerdings nicht mehr die Lust oder die Zeit, selbst Sounds zu programmieren. Da auf der anderen Seite jedoch ein großer Bedarf an Einzelsounds für elektronische Musikinstrumente besteht, gibt es eine Reihe von Leuten, die sich auf die Erschaffung neuer Sounds spezialisiert haben, die sogenannten Sounddesigner. Jeder, der Sounds für sein elektronisches Musikinstrument benötigt, diese aber nicht selber schaffen kann oder will, kann eine große Zahl von Einzelsounds, die von Sounddesignern programmiert worden sind, käuflich erwerben.[165]

---

[164] Im Bereich der Popularmusik ist es in zunehmendem Maße so, daß der Komponist seine Komposition selbständig aufnimmt und andere Musiker daran nicht mehr beteiligt sind. Komponist und ausführender Musiker sind somit immer öfter identisch.

[165] Vgl. die Anzeigenteile der Zeitschriften Keyboards und Keys.

6. Möglichkeiten der Übernahme von Einzelsounds

Eine Übernahme elektronisch erzeugter Einzelsounds anderer ist im wesentlichen auf drei Arten möglich.

Der betreffende Einzelsound kann auf einem Synthesizer nachprogrammiert werden. Dies erfordert allerdings einige Mühe und Sachkenntnis. Soll diese Mühe erspart werden, kann ein Sound mit Hilfe eines Samplers aus einem Musikstück „herausgenommen" werden.[166] Erforderlich ist dazu der Besitz eines Tonträgers, auf dem sich der Sound befindet. Zudem sollte der Sound auf dem Tonträger einzeln, d.h. nicht mit anderen Sounds vermischt vorliegen, da sonst der Sound auch nicht alleine gesampelt werden kann. Schließlich kann ein Einzelsound auch durch eine Kopie eines Datenträgers, auf dem der Sound gespeichert ist, übernommen werden. Dies kann z.B. eine Diskette, eine Festplatte oder eine für fast jeden Synthesizer als Zubehör erhältliche spezielle Sound-Speicher-Cartridge sein. Eine solche Übernahme ist jedoch nur dann möglich, wenn man den selben Synthesizer besitzt, von dem der Einzelsound stammt oder zumindest über ein zu diesem kompatibles Synthesizermodell verfügt.

Die Möglichkeiten, einen elektronisch erzeugten Einzelsound zu übernehmen, sind somit recht vielfältig. Dies trägt nicht zuletzt dazu bei, daß Sounds immer öfter kopiert werden. Möglicherweise ist aber eine solche Übernahme von Sounds rechtlich nicht zulässig. Ein Schutz für die Erschaffer elektronisch erzeugter Einzelsounds, der von Dritten bei einer Übernahme von Einzelsounds zu beachten ist, könnte sich vor allem aus den Regelungen des Urheberrechtsgesetzes (UrhG) und des Gesetzes gegen den unlauteren Wettbewerb (UWG) ergeben.

---

[166] Dies ist natürlich auch mit Hilfe eines analogen oder digitalen Tonbandgerätes möglich.

B. Urheberrechtlicher Schutz elektronisch erzeugter Einzelsounds

Elektronisch erzeugte Einzelsounds könnten als Werke im Sinne des §2 UrhG einem urheberrechtlichen Schutz unterliegen.

I. Urheberrechtliche Schutzfähigkeit nach der herrschenden Meinung

Die herrschende Meinung lehnt einen urheberrechtlichen Schutz elektronisch erzeugter Einzelsounds als Werke im Sinne des UrhG ab. Nur sehr vereinzelt werden Ausnahmen von dieser grundsätzlichen Schutzunfähigkeit zugelassen. Eine solche Ausnahme soll nach Schlingloff etwa dort gelten, wo durch die Komposition die Klangfarbe selbst zum Thema gemacht wird, wie z.B. bei der Klangfarbenmelodie von Arnold Schönberg.[167] Im Mittelpunkt der Gestaltung steht dort ein einzelner Ton, der über eine Reihe von Takten hinweg klanglich variiert wird. Auch Tenschert befürwortet einen Schutz von Klangfarbenmodulationen, „die nicht hinweggedacht werden können, ohne daß der kompositorische Gesamtcharakter der betreffenden Komposition objektiv nicht mehr erkennbar wäre".[168]

Darüber hinaus wird teilweise vertreten, daß der Einzelsound zwar nicht urheberrechtlich schutzfähig sei, die Soundgestaltung aber zumindest bei der Frage der Individualität einer Tonfolge Berücksichtigung finden müsse. Eine an sich nicht individuelle Tonfolge könne durch eine besondere Soundgestaltung individuell und damit urheberrechtlich schutzfähig werden.[169]

Zwar sind, bedingt durch die enormen Veränderungen im Bereich des musikalischen Schaffens und die stark gestiegene Bedeutung des Sounds, in jüngster Zeit

---

[167] Schlingloff, S.37; vgl. auch Riedel, S.206 und Beyer, Zeitschrift für Musik 113, 1952, S.74 (76f.).
[168] Tenschert, ZUM 1987, S.612 (616).
[169] Münker, S.97; Schulze, Rechte als Urheber, S.22f.; Schulze, Kleine Münze, S.205.

vermehrt kritische Stimmen zu den Argumenten der herrschenden Meinung in bezug auf eine generelle Versagung eines urheberrechtlichen Schutzes für elektronisch erzeugte Einzelsounds laut geworden.[170] Ein urheberrechtlicher Schutz von Einzelsounds wird aber auch von diesen Kritikern weitgehend noch abgelehnt. Deutlich für einen urheberrechtlichen Schutz elektronisch erzeugter Einzelsounds spricht sich nur Jörger aus. Er vertritt die Ansicht, daß ein Einzelsound ein Werk i.S.d. UrhG darstellen und damit einem urheberrechtlichen Schutz unterliegen könne.[171]

II. Der elektronisch erzeugte Einzelsound als Werk im Sinne des UrhG

Für einen urheberrechtlichen Schutz müßten elektronisch erzeugte Einzelsounds die Merkmale des Werkbegriffs erfüllen. Nach §2 II UrhG sind Werke im Sinne des UrhG nur persönliche geistige Schöpfungen. Diese Definition hilft bei der Feststellung des Werkcharakters jedoch noch nicht wesentlich weiter.[172] Aus diesem Grunde haben sich weitere Abgrenzungsmerkmale herausgebildet. Zur Erfüllung des urheberrechtlichen Werkbegriffs muß eine persönliche Schöpfung vorliegen, die einen geistigen Inhalt gedanklicher oder ästhetischer Art, eine Ausdrucksform und Individualität aufweist.[173]

---

[170] So wird von Klein (Handbuch der Musikwirtschaft, S.575 (582)) vorgebracht, die Bedeutung von elektronisch erzeugten Einzelsounds für die Popularmusik und die oft sehr mühe- und phantasievolle Programmierung von Synthesizersounds, die oftmals gerade den Haupteindruck und Wiedererkennungswert eines Songs ausmachten, werde nicht in ausreichendem Maße berücksichtigt. Auch Münker (S.82f.) kritisiert teilweise die Argumente der herrschenden Meinung. Schulze lehnt zwar einen urheberrechtlichen Schutz von Einzelsounds ab, sieht jedoch nicht nur die Anordnung einer Abfolge von Klängen, sondern auch einen Gesamtklang, also ein simultanes Erklingen verschiedener Klänge als urheberrechtlich schutzfähig an, vgl. Schulze, ZUM 1994, S.15 (17). Hoeren ist der Auffassung, der Popmusikindustrie werde durch die Verweigerung eines urheberrechtlichen Schutzes für Sounds ihre originärste und originellste Leistung geraubt, Hoeren, GRUR 1989, S.11 (13). Positiv zum Schutz von Sounds äußert sich Hoeren auch in CR 1993, S.321 (322) und CR 1995, S.762 (762).

[171] Jörger, S.85-98.

[172] Vgl. Schricker/Loewenheim, UrhG, §2, Rn.3; Samson, S.70; Hubmann/Rehbinder, S.85; Riedel, S.147.

[173] Vgl. Schricker/Loewenheim, UrhG, §2, Rn.4ff.; Ulmer, Urheber- und Verlagsrecht, S.130-134; v. Gamm, UrhG, §2, Rn.4.

1. Geistiger Inhalt

Ein geistiger Inhalt ist dann gegeben, wenn in einer Schöpfung der menschliche Geist durch die Mitteilung eines Gedanken- oder Gefühlsinhaltes zum Ausdruck kommt.[174] Ein Werk im Sinne des UrhG kann deshalb nur ein elektronisch erzeugter Einzelsound sein, der einen Gedanken- oder Gefühlsinhalt zum Ausdruck bringt. Ein solcher geistiger Inhalt wird Schöpfungen im Bereich der Musik heute uneingeschränkt zugesprochen. Dies wird damit begründet, daß der Schaffens- und Wirkweise einer musikalischen Komposition eine geistige Komponente immanent ist.[175] Auch bei elektronisch erzeugten Einzelsounds kann man davon ausgehen, daß diese immer darauf abzielen, den Rezipienten in irgendeiner Weise ästhetisch anzusprechen, um ihm somit einen gedanklichen oder gefühlsmäßigen Inhalt nahe zu bringen.[176] Damit findet der menschliche Geist des Sounderschaffers in diesen Einzelsounds seinen Ausdruck, so daß ein geistiger Inhalt gegeben ist.

2. Ausdrucksform

Damit eine Schöpfung urheberrechtlich schutzfähig ist, muß sie zudem eine mit den menschlichen Sinnen wahrnehmbare Form erhalten haben.[177] Eine körperliche oder dauerhafte Festlegung ist jedoch nicht erforderlich.[178] Unerheblich ist darüber hinaus, ob das Werk unmittelbar mit den menschlichen Sinnen oder nur unter Zuhilfenahme technischer Einrichtungen wahrgenommen werden kann.[179]

---

[174] BGH GRUR 1959, S.251 (251) - „Einheitsfahrschein"; BGHZ 39, S.306 (307) - „Rechenschieber"; Schrikker/Loewenheim, UrhG, §2, Rn.7.

[175] V.Gamm, UrhG, §2, Rn.5; Riedel, S.160; Münker, S.42.

[176] Ein elektronisch erzeugter Einzelsound kann einen Gedanken- oder Gefühlsinhalt vor allem durch seine Klangfarbe ausdrücken, denn diese entzieht sich aufgrund ihrer Komplexität einer rationellen Analyse durch den Verstand weitgehend. Sie ist dadurch in besonderem Maße geeignet, einen emotionalen Inhalt zum Ausdruck zu bringen, vgl. Rösing, Bedeutung der Klangfarbe, S.19. So sieht auch Schwenzer, ZUM 1996, S.584 (586f.) die Klangfarbe als entscheidenden Boten eines Gefühlswertes der Musik an.

[177] BGH GRUR 1985, S.1041 (1046) - „Inkasso-Programm"; Fromm/Nordemann/ Vinck, §2, UrhG, Rn.28; Schrikker/Loewenheim, UrhG, §2, Rn.9; Ulmer, Urheber- und Verlagsrecht, S.131; Hubmann/Rehbinder, S.86.

[178] BGHZ 37, 1 (7) - „AKI"; v. Gamm, UrhG, §2, Rn.8; Ulmer, Urheber- und Verlagsrecht, S.131.

[179] BGHZ 37, 1 (7) - „AKI"; Schricker/Loewenheim, UrhG, §2, Rn.9.

Eine ausreichende Form ist somit bereits dann gegeben, wenn ein elektronisch erzeugter Einzelsound ohne dauerhafte oder körperliche Fixierung für das Gehör wahrnehmbar hervorgebracht worden ist. In der Regel existiert von elektronisch erzeugten Einzelsounds aber auch eine dauerhafte körperliche Festlegung auf einem Speichermedium[180], so daß sich die Einzelsounds mit Hilfe verschiedener technischer Geräte, wie elektronischen Musikinstrumenten, Tonträgerabspielgeräten, Verstärkern und Lautsprechern, wahrnehmen lassen.

3. Individualität

Beim Merkmal der Individualität liegt regelmäßig der Schwerpunkt der Prüfung des Werkbegriffs.[181] Einem urheberrechtlichen Schutz unterliegen nur solche Schöpfungen, die Ausdruck der Persönlichkeit des Urhebers sind. Voraussetzung dafür ist, daß der Urheber seinen individuellen Geist in das Werkschaffen eingebracht hat und sich seine Schöpfung dadurch als das Ergebnis eines individuellen geistigen Schaffens darstellt.[182] Durch diese der Individualität zugrundeliegende geistige Leistung unterscheiden sich die Werke von den sonstigen schutzlosen Gebilden.

In der Regel verarbeitet der Urheber bei seinem Werkschaffen nicht nur eigene Erfahrungen, Gedanken, Gefühle und Ideen, sondern holt sich darüber hinaus Anregungen und Ideen aus seiner Umwelt, den Schöpfungen, Ideen und Gestaltungen vorangegangener Generationen und der Natur. Der Urheber baut damit auf dem

---

[180] Dies sind vor allem die internen Speicher elektronischer Musikinstrumente, Disketten oder Festplatten und spezielle Sound-Cartridges. Ist ein Sound bei einer Musikproduktion verwendet worden, ist er auf einem Tonträger festgehalten.

[181] BGH GRUR 1981, S.267 (268) - „Dirlada"; BGH GRUR 1991, S.533 (533) - „Brown Girl II"; Weissthanner, S.37; Münker, S.41; Schlingloff, S.4f.

[182] Insoweit besteht zwischen der Rechtsprechung und der h.M. trotz der Verwendung verschiedener Begrifflichkeiten Einigkeit. So spricht der BGH in GRUR 1981, S.267 (268) - „Dirlada" und GRUR 1991, S.533 (533) - „Brown Girl II" von „schöpferischer Eigentümlichkeit", in GRUR 1968, S.321 (323) - „Haselnuß" von „eigenschöpferischer Leistung" und in GRUR 1985, S.1041 (1047) - „Inkasso-Programm" und GRUR 1981, S.352 (353) - „Staatsexamensarbeit" von „individueller geistiger Schöpfung". Siehe auch Schricker/Loewenheim, UrhG, §2, Rn.11.

geistigen Schaffen anderer auf. Ein urheberrechtlicher Schutz soll aber nur für den Schaffensanteil gewährt werden, der Ausfluß der Persönlichkeit des Urhebers ist. Nur was dem individuellen Geist des Urhebers entstammt, stellt einen Beitrag zur Bereicherung und Fortentwicklung des Kulturlebens dar und verdient deshalb Schutz und Lohn.[183] Für die nicht durch ihn selbst geschaffenen Bestandteile gebührt dem Urheber dagegen kein Schutz. Vielmehr müssen die nicht individuellen Bestandteile eines Werkes als Gemeingut urheberrechtsfrei bleiben. Durch die Individualität wird somit nicht nur das schutzfähige Werk von den sonstigen Gebilden abgegrenzt, sondern auch der Schutzumfang markiert.[184] Das Merkmal der Individualität dient auch dazu, den persönlichen Beitrag des Urhebers zu den sonstigen Bestandteilen seines Schaffens abzugrenzen.

a) Voraussetzungen für das Vorliegen von Individualität

Die zu einem urheberrechtlichen Schutz erforderliche Individualität kann in der Form des Werkes, dem Inhalt des Werkes oder in der Verbindung von beidem liegen.[185] Damit Individualität gegeben ist, muß sich das Werk als das Ergebnis geistigen Schaffens von dem abheben, was jeder so machen würde, von der rein handwerklichen oder routinemäßigen Leistung, mag sie auch noch so solide oder fachmännisch erbracht sein.[186] Durch die Individualität unterscheidet sich das Werk von der nicht geschützten Masse des Alltäglichen, der sich im üblichen Rahmen

---

[183] Vgl. Hubmann, Recht des schöpferischen Geistes, S.33f.; Hanser-Strecker, S.45; Schlingloff, S.4f.

[184] Ulmer, Urheber- und Verlagsrecht, S.119; Riedel, S.152; Schricker/Loewenheim, UrhG, §2, Rn.11.

[185] Früher wurde vertreten, daß die Individualität des Werkes auf seiner Formgebung beruht. Deshalb sollte nur die Form, nicht aber der Inhalt von Werken geschützt sein. Vgl. Ulmer, Urheber- und Verlagsrecht, S.119; Weissthanner, S.38f.; Schlingloff, S.8-10.

[186] BGH GRUR 1981, S.267 (268) - „Dirlada"; OLG München, ZUM 1989, S.309 (309); Schricker/Loewenheim, UrhG, §2, Rn.11f.; Fromm/Nordemann/Vinck, UrhG, §2, Rn.18; Rauscher auf Weeg, S.52; Hubmann/Rehbinder, S.87; Ulmer, Urheber- und Verlagsrecht, S.133; Loewenheim, GRUR 1987, S.761 (766).

haltenden Erzeugnisse, von dem, was in der Masse aufgeht und auf bloßer Schablone beruht.[187]

Individualität kann beim Werkschaffen nur dann zum Ausdruck gebracht werden, wenn überhaupt ein Spielraum für die Entfaltung persönlicher Züge gegeben ist. Je größer ein solcher Gestaltungsspielraum ist, desto eher kann sich in einer Schöpfung Individualität ausdrücken.[188] Nicht ausschlaggebend für einen urheberrechtlichen Schutz ist dagegen der künstlerische oder ästhetische Wert eines Werkes. Er läßt sich in der Regel kaum feststellen und ist von Fragen des persönlichen Geschmacks abhängig, so daß er nicht Gegenstand richterlicher Entscheidung sein kann.[189]

b) Gestaltungsspielraum bei elektronisch erzeugten Einzelsounds

Vor allem Synthesizer sind entwickelt worden, um einen möglichst großen Einfluß auf die einzelnen Klangparameter zu gewinnen und so den Klang völlig dem Zugriff des Sounderschaffers zu unterwerfen.[190] Deshalb können die in einem Synthesizer zur Verfügung gestellten Grundwellenformen mit Hilfe verschiedenster Synthesizerbausteine wie Filter, Verstärker, Hüllkurven-Generator, Low-Frequency-Oszillator und anderen Steuermodulen umfassend beeinflußt werden.[191] Der Sounderschaffer kann bei elektronischen Klangerzeugern alle wesentlichen Bestandteile eines Einzelklanges wie Tonhöhe, Lautstärke, Klangfarbe und den zeitlichen Verlauf des Klanges nach seinem Belieben gestalten.[192] Aus diesem

---

[187] Nach der Ansicht von Kummer, S.30ff., soll Individualität vorliegen, wenn mit hoher Wahrscheinlichkeit kein anderer das gleiche Werk schaffen würde. Kummer versteht Individualität damit im Sinne einer statistischen Einmaligkeit. Ähnlich: Girth, S.28ff.; Hörnig, UFITA 99, S.13 (56f.); Schmidt, UFITA 77, S.1 (22ff.). Diese Ansicht wird jedoch überwiegend abgelehnt, vgl. Ulmer, GRUR 1968, S.527 (527-530); Schricker/Loewenheim, UrhG, §2, Rn.15 mit weiteren Nachweisen.

[188] Schricker/Loewenheim, UrhG, §2, Rn.14; Ulmer, Urheber- und Verlagsrecht, S.133; Nordemann, NJW 1970, S.881 (882). Vgl. auch BGH GRUR 1965, S.45 (47) - „Stadtplan"; BGH GRUR 1981, S.267 (268) - „Dirlada".

[189] BGH GRUR 1959, S.289 (290) - „Rosenthal Vase"; v. Gamm, §2, Rn.16; C. Schramm, S.212; Hubmann/Rehbinder, S.42; vgl. auch Ulmer, Urheber- und Verlagsrecht, S.133.

[190] Vgl. Behrendsen/Rüsenberg, Rock-Session 2, S.136 (136); Hilgefort, Das Musikinstrument 8/1993, S.4 (5).

[191] Siehe zur Funktionsweise eines Synthesizers S.41ff.

[192] Rösing (Bedeutung der Klangfarbe, S.65) meint deshalb, daß an die Stelle der Instrumentation die Kunst der Klangrealisation getreten ist. Vorgegebene Klänge seien synthetisch herstellbaren Schallereignissen gewichen, deren Zusammensetzung bis ins mikrozeitliche Detail dem Willen des Komponisten unterstehen kann.

Grunde lassen sich mit elektronischen Klangerzeugern alle nur vorstellbaren Klänge erzeugen. Elektronische Klangerzeuger bieten damit einen überaus großen klanglichen und musikalischen Gestaltungsspielraum.[193] Der Sounderschaffer hat demnach sehr viele Möglichkeiten, seinem individuellen Geist in dem erschaffenen Einzelsound Ausdruck zu verleihen.

c) Elektronische Einzelsounds und Individualität nach der herrschenden Meinung

Trotz des Bestehens eines großen Gestaltungsspielraums wird die Möglichkeit des Vorliegens von Individualität bei elektronisch erzeugten Einzelsounds von der herrschenden Meinung mit einer Reihe von Argumenten verneint.

aa) Unselbständige Funktion des Sounds

Zur Begründung einer fehlenden Individualität von Einzelsounds wird zunächst darauf verwiesen, daß der Sound lediglich einer bereits vorhandenen Tonfolge eine bestimmte klangliche Erscheinungsform aufpräge. Er habe deshalb nur eine unselbständige Funktion, so daß sich Individualität nicht in ihm ausdrücken könne.[194]

Dieses Argument ist vor allem dann nachvollziehbar, wenn im Bereich der traditionellen Instrumentierung allein die Tonfolge von Bedeutung ist und dieser Tonfolge durch den Sound nur eine bestimmte klangliche Erscheinungsform gegeben wird. Die große Bedeutung des Sounds bei modernen Musikproduktionen hat insoweit allerdings zu einem veränderten Sachverhalt

---

[193] Daß elektronische Musikinstrumente breiten Raum für Kreativität und schöpferische Musikgestaltung bieten ist in der Musikwissenschaft weitgehend anerkannt. Vgl. Enders, Klangwelt, S.12; Schneider, Musikinstrument 1982, Band 31, S.1283 (1283); Batel/Salbert, S.28f.; Ruschkowski, Musik und Gesellschaft 1983, Nr.6, S.346 (346); Rauhe, Der Kirchenmusiker 1/1987, S.14 (15). Kritisch dazu äußert sich Fritsch, Zeitschrift für Musikpädagogik 3/1987, S.62 (62f.).

[194] Vgl. Allfeld, S.55; Gerst, S.22f..

geführt.[195] Soll ein Musikstück einer Musikart zuzuordnen sein und besondere Käuferschichten ansprechen, ist die Verwendung der jeweils aktuellen Einzelsounds oft wichtige Grundlage für den kommerziellen Erfolg einer Musikproduktion.[196] Deshalb finden Einzelsounds oft nur um ihrer Verwendung willen Einsatz in Popularmusikstücken. Dabei wird häufig sogar auf eine Tonfolge gänzlich verzichtet oder die Tonfolge wird auf den Sound abgestimmt. Deshalb ist der Sound im Rahmen von Popularmusikproduktionen nicht unselbständig in bezug auf die Tonfolge und prägt dieser lediglich eine bestimmte klangliche Erscheinungsform auf.[197]

bb) Die abstrakte Funktion des Sounds

Darüber hinaus wird vertreten, die Klangfarbe lasse sich ohne Verbindung mit dem Tonsatz nicht wahrnehmen. Sie sei deshalb abstrakter Natur und somit urheberrechtlich nicht schutzfähig.[198]

Diese Ansicht ist nur begründet, wenn sich die Klangfarbe tatsächlich vom ihr zugrundeliegenden Ton trennen läßt. Beim Einzelsound kann zwar theoretisch zwischen dem zugrundeliegenden Ton, dem sog. Grundton oder der Grundschwingung, die maßgeblich den Tonhöheneindruck bestimmt und der Klangfarbe, die durch das Obertonspektrum bestimmt wird, unterschieden werden[199], praktisch bedingen sich Ton und Klangfarbe aber gegenseitig. Einerseits hat jeder Ton eine spezifische Klangfarbe[200], andererseits wird diese Klangfarbe wesentlich durch den

---

[195] Siehe zum Wandel der Klangfarbe von einem akzessorischen zu einem eigenwertigen musikalischen Element: Rösing, Bedeutung der Klangfarbe, S.20-66.

[196] Vgl. oben, S.26f.

[197] Vgl. dazu Sandner, Rockmusik, S.81 (83). Dort verweist er darauf, daß der Sound nicht mehr als das angesehen wird, was der Musik bloß akzessorisch anhaftet. Vielmehr sei der Sound selbst zum formenden Element der Musik geworden.

[198] Hüttl, S.41-43; Hanser-Strecker, S.75.

[199] Siehe oben, S.35f.

[200] Eine Ausnahme bildet hier lediglich der Sinuston als reiner Ton im physikalischen Sinne. Er hat mangels eines Obertonspektrums keine Klangfarbe. Allerdings wird man ihm trotzdem einen spezifischen Klang kaum absprechen

zugrundeliegenden Ton mitbestimmt. Spielt man einen bestimmten Sound auf einem anderen Ton, z.B. auf a^3 statt auf g^1, verändert sich nicht nur die Grundschwingung, sondern automatisch auch das Obertonspektrum und damit die Klangfarbe. Zu hören sind folglich jeweils verschiedene Klänge. Somit ist weder die Klangfarbe vom Ton, noch der Ton von der Klangfarbe trennbar. Daraus ergibt sich, daß zwar die Klangfarbe nicht ohne Ton, der Ton aber auch nicht ohne Klangfarbe wahrnehmbar ist. Die Klangfarbe ist deshalb nicht vom zugrundeliegenden Ton abstrakt.[201]

Daß die Klangfarbe trotzdem vielfach als abstrakt angesehen wird, dürfte vor allem mit den Problemen bei der Notation der Klangfarbe zusammenhängen. Während sich die Tonhöhe und die Tondauer in der herkömmlichen Notenschrift darstellen lassen, ist dies bei der Klangfarbe schwierig.[202] Dies beruht auf den unterschiedlichen Hörempfindungen, die es schwer machen, einen Klang objektiv zu beschreiben, auf der immensen Vielfalt unterschiedlichster möglicher Klangfarben und auf dem Fehlen verbindlicher Festlegungen, wie z.B. die Klangfarbe eines Klaviers zusammengesetzt sein muß, damit es sich um einen Klavierklang handelt. Diese

---

können. Vgl. Rösing, Bedeutung der Klangfarbe, S.8. Der Sinuston findet wegen seiner Leblosigkeit und Starrheit in der Musik kaum Verwendung.

201 Weßling, S.71 (Fn.92), ist der Meinung, die Klangfarbe habe, anders als etwa die Melodie, keine ihr innewohnende Gestaltungsqualität, sondern sei „gestaltlos" und damit abstrakt. Dies ist m.E. nicht richtig. Ein elektronisch erzeugter Klang bietet einen großen Spielraum für eine eigenschöpferische Gestaltung. Liegt eine solche Gestaltung vor, kann man wohl nicht davon sprechen, der Einzelsound sei „gestaltlos". Fehlt aber eine solche Gestaltung, liegt bereits die für einen urheberrechtlichen Schutz erforderliche Individualität nicht vor, so daß ein urheberrechtlicher Schutz aus diesem Grunde ausscheidet.

202 Es sind lediglich allgemeine Angaben für eine zu verwendende Instrumenten- oder Soundgattung möglich, die allerdings voraussetzen, daß sich der zu verwendende Sound überhaupt in eine solche Gattung einordnen läßt. Dies ist bei elektronisch erzeugten Sounds oft nicht der Fall. Vgl. zu Problemen der Notation der Klangfarbe: Rösing, Bedeutung der Klangfarbe, S.5. Rösing führt die Unterschätzung der Klangfarbe darauf zurück, daß sie sich einer Analyse ohne technische Hilfsmittel weitgehend entziehe. Als komplexe Dimension setze sich die Klangfarbe aus verschiedenen Elementen zusammen, die nur in ihrer Gesamtheit wahrgenommen werden könnten. Selbst bei größter Übung und Konzentration sei es nicht möglich, mehr als die ersten fünf bis sieben Teiltöne aus einem Klang herauszuhören, ganz zu schweigen von den vielfältigen feinmodulatorischen Ausgleichsvorgängen, die einen Klang in charakteristischer Weise prägen. Ebenso weisen Halbscheffel/Kneif (S.207) darauf hin, daß sich die Klangfarbe wegen ihrer Komplexität nicht in präzise Begriffe fassen lasse. Auch sie sehen darin den Grund dafür, daß die herkömmliche Musikwissenschaft die Klangfarbe nur als sekundäres Merkmal eingeordnet hat. Mit ihren differenzierten Klangfarben biete die Popularmusik eine der ungelösten Schwierigkeiten musikalischer Notation. Die Möglichkeit, Klangfarben zu beschreiben, böten Vergleiche oder Metaphern. Eine exakte physikalische Analyse sei mit der Spektrumanalyse möglich. Vgl. auch: Kaegi, S.171; Köhn, ZUM 1994, S.278 (281). Die Bedeutung der Notation hat in der Popularmusik insgesamt sehr stark abgenommen. Meist existieren nur sehr unvollständige Angaben des zu Spielenden, deren Ausfüllung weitgehend dem Interpreten überlassen wird.

Probleme bei der Darstellung der Klangfarbe führen jedoch nicht dazu, daß die Klangfarbe weniger konkret ist als z.B. die Tonhöhe oder die Tondauer. Ebenso wie diese wird auch die Klangfarbe durch die zugrundeliegende Schwingung bestimmt und läßt sich physikalisch messen und darstellen.

cc) Mangel an Gestaltung in der zeitlichen Abfolge

Weiterhin wird vorgebracht, dem Einzelsound fehle es an einer Gestaltung in der zeitlichen Abfolge, musikalische Individualität bedürfe aber einer solchen zeitlichen Gestaltung.[203] Ein Rechtsschutz kann nach dieser Ansicht nur dann erreicht werden, wenn einzelne Klänge zeitlich gestaffelt angeordnet und aneinandergereiht werden.[204]

Unabhängig von der Frage, ob elektronisch erzeugte Einzelsounds wirklich grundsätzlich keine zeitliche Gestaltung aufweisen, setzt der Werkbegriff nicht das Vorliegen musikalischer Individualität voraus. Vielmehr ist auch das Vorliegen „sonstiger" Individualität ausreichend.[205] Individualität verlangt aber nicht generell das Vorliegen einer zeitlichen Gestaltung. Das Erfordernis der zeitlichen Gestaltung kann somit nicht aus dem Werkbegriff, sondern nur aus dem Musikbegriff abgeleitet werden. Zwar ist es naheliegend, Einzelsounds als Werke der Musik zu schützen. Die Aufzählung in §2 II UrhG ist aber nicht abschließend, sondern sollte gerade Raum für neue Werkarten bieten.[206] Sollte ein Einzelsound zwar ein Werk, aber keine Musik darstellen, kann er deshalb immer noch als sonstiges Werk der Kunst geschützt sein. Auch das Argument des Fehlens einer zeitlichen Gestaltung

---

[203] Dieser Ansicht liegt ein Verständnis der Musik als einem dynamischen, nur aufgrund einer zeitlich sukzessiven Tonfolge auffaßbaren Begriffes zugrunde. Vgl. Knap, UFITA 64, S.53 (64); Kummer, S.141.

[204] Vgl. Kummer, S.141; Weissthanner, S.46; Schenk, S.117f.; Hartmann, UFITA 122, S.57 (80); Schlingloff, S.26f.; Weßling, S.79-81.

[205] Vgl. etwa Kummer, S.147.

[206] Vgl. Begründung des Regierungsentwurfes, BT-Drucksache IV/270 (S.27-116), abgedruckt in UFITA 45, S.240 (251); Fromm/Nordemann/Vinck, UrhG, §2, Rn.1.

kann deshalb ein generelles Fehlen von Individualität bei elektronisch erzeugten Einzelsounds nicht überzeugend begründen.

dd) Kein ausreichender Gestaltungsspielraum wegen Kürze des Einzelsounds

Ein Einzelsound könnte jedoch ein so kleiner Werkteil sein, daß kein ausreichender Gestaltungsspielraum vorliegt, in dem sich urheberrechtliche Individualität ausdrücken kann.[207] Dagegen spricht, daß nicht nur quantitativ oder qualitativ erhebliche, sondern auch kleinste Teile eines Werkes Urheberrechtsschutz genießen können.[208] Voraussetzung eines Schutzes ist lediglich, daß bereits das Werkteil alle Merkmale des Werkbegriffs erfüllt. Erforderlich ist insbesondere das Vorliegen von Individualität. Längere Werkteile bieten dabei vor allem einen größeren Spielraum für eine Gestaltung in der zeitlichen Abfolge. Auch bei sehr kurzen Einzelsounds besteht durch die enormen Möglichkeiten der elektronischen Klangerzeugung allerdings noch ein sehr großer Gestaltungsspielraum, in dem sich urheberrechtliche Individualität ausdrücken kann.[209] Selbst bei einem Verzicht auf eine zeitliche Gestaltung bieten elektronische Musikinstrumente viele Möglichkeiten der Klanggestaltung und Klangbeeinflussung. Aus diesem Grunde kann selbst ein sehr kurzer elektronisch erzeugter Einzelsound, der nur einen sehr kleinen Werkteil darstellt, individuell sein.

d) Erforderliches Mindestniveau an Gestaltungshöhe

Daß bei elektronisch erzeugten Einzelsounds ein großer Gestaltungsspielraum besteht, in dem sich Individualität ausdrücken kann, führt jedoch noch nicht dazu, daß

[207] Hubmann/Rehbinder, S.96.
[208] BGHZ 9, S.262 (267f.) - „Lied der Wildbahn I“; Fromm/Nordemann/Vinck, UrhG, §2, Rn.27; Schrikker/Loewenheim, UrhG, §2, Rn.33; Samson, S.75.
[209] Siehe dazu oben, S.53f.

auch immer eine individuelle Gestaltung gegeben ist. Vielmehr muß zum Vorliegen urheberrechtlicher Individualität der bestehende Gestaltungsspielraum bei der Sounderschaffung auch in einem gewissen Umfang ausgenutzt worden sein. Damit ein Einzelsound ein Werk im Sinne des UrhG darstellt, muß er somit eine bestimmte Gestaltungshöhe aufweisen. Diese stellt einen quantitativen Aspekt der Individualität dar. Dadurch, daß die schöpferische Individualität eine bestimmte Gestaltungshöhe erreichen muß, wird die Untergrenze des Urheberrechtsschutzes gesetzt.[210] Die Festlegung eines Mindestniveaus an Gestaltungshöhe gehört jedoch gerade zu den Hauptschwierigkeiten des Urheberrechts.

Nicht erforderlich ist, daß das Werk den Stempel der Persönlichkeit des Urhebers trägt, so daß dieser aus dem Werk als Urheber erkennbar wird. Vielmehr reichen bereits sehr viel geringere Formen der Individualität aus.[211] Dabei werden an die notwendige Gestaltungshöhe bei den einzelnen Werkarten unterschiedliche Anforderungen gestellt. Insbesondere bei Werken der angewandten Kunst sollen kunstgewerbliche Gegenstände mit geringem Individualitätsgrad nur durch das Geschmacksmustergesetz geschützt sein. Bei anderen Werkarten ist das erforderliche Maß an Gestaltungshöhe dagegen erheblich niedriger.[212] Darüber hinaus kann die notwendige Gestaltungshöhe auch dann niedriger sein, wenn individuelles Schaffen wegen des bereits vorhandenen Formenschatzes nur in sehr engem Rahmen möglich ist.[213] Die Untergrenze des urheberrechtlichen Schutzes bilden die Werke der sogenannten „kleinen Münze".[214] Darunter versteht man diejenigen Gebilde,

---

[210] Schricker/Loewenheim, UrhG, §2, Rn.16; Schlingloff, S.11. Eine Mindermeinung dagegen spricht sich dafür aus, den urheberrechtlichen Schutz ohne Mindestanforderungen zuzusprechen, vgl. Kummer, S.30; Schmidt, UFITA 77, S.1 (22ff.). Geschützt wäre demnach mehr oder weniger alles, was sinnlich wahrnehmbar ist. Einschränkungen erfolgen allerdings beim Schutzumfang, so daß auch nach dieser Ansicht die Abgrenzungsprobleme nicht umgangen werden können. Nach überwiegender Auffassung werden durch das Merkmal der persönlichen geistigen Schöpfung jedoch Mindestanforderungen für einen urheberrechtlichen Schutz aufgestellt, so daß nicht alle nur denkbaren Leistungen urheberrechtlich geschützt sind. Vgl. Schulze, GRUR 1987, S.769 (772).

[211] Schricker/Loewenheim, UrhG, §2, Rn.16.

[212] V.Gamm, UrhG, §2, Rn.16; Schricker/Loewenheim, UrhG, §2, Rn.18; Münker, S.38-41.

[213] BGH GRUR 1981, S.520 (521f.) - „Fragensammlung"; BGH GRUR 1987, S.704 (706) - „Warenzeichenlexika".

[214] Der Begriff der „kleinen Münze" wurde von Elster geprägt. Vgl. Elster, Gewerblicher Rechtsschutz, S.40.

die bei einem Minimum an Gestaltungshöhe gerade noch urheberrechtlich schutzfähig sind.[215]

Der BGH beurteilt das Vorliegen der erforderlichen Gestaltungshöhe nach dem geistig-schöpferischen Gesamteindruck der konkreten Gestaltung im Gesamtvergleich gegenüber vorbestehenden Gestaltungen.[216] Anhand dieses Gesamtvergleichs soll herausgearbeitet werden, ob der konkreten Gestaltung gegenüber vorbekannten Gestaltungen individuelle Eigenheiten zukommen. Bloße Wiederholungen und Übernahmen bereits bestehender Gestaltungen sollen so von einem Schutz ausgeschlossen werden.[217]

Eine absolute Grenze von schutzfähigen Werken zu den sonstigen Gebilden ist allerdings nicht gegeben. Dies resultiert aus der Tatsache, daß die Frage, ob ein Werk individuell ist oder nicht, nur von einem Menschen aufgrund seiner subjektiven Erfahrung beurteilt werden kann und dadurch immer auch ein Werturteil darstellt.[218] Damit es deshalb nicht zu Rechtsunsicherheit und Willkür kommt, bietet es sich an, das Vorliegen von Individualität anhand bestimmter objektiver Indizien zu beurteilen.[219] Durch einen Indizienkatalog wird der persönliche Blickwinkel erweitert und das Urteil des Richters nachvollziehbarer.[220] Allerdings bleiben trotz der Abgrenzung anhand von Indizien Wertungen erforderlich.[221] Zudem ist es m.E.

---

215 Vgl. BGH UFITA 51, S.315 (318) - „Gaudeamus igitur"; BGH GRUR 1968, S.321 (324) - „Haselnuß"; BGH GRUR 1981, S.267 (268) - „Dirlada"; BGH GRUR 1988, S.812 (814) - „Ein bißchen Frieden"; BGH NJW 1989, S.387 (388) - „Fantasy"; BGH GRUR 1991, S.533 (533) - „Brown Girl II"; Schricker/Loewenheim, UrhG, §2, Rn.19 und 84; Fromm/ Nordemann/Vinck, UrhG, §2, Rn.19. Geschützt worden sind beispielsweise Adreßbücher, RGZ 116, S.292 (292-306); Kochbücher, RGZ 81, S.120 (120-125) und Fernsprechbücher, BGH GRUR 1961, S.631 (631-634).

216 BGHZ 27, S.351 (356f.) - „Candida-Schrift"; BGH GRUR 1985, S.1041 (1047) - „Inkasso-Programm"; BGH GRUR 1986, S.739 (740f.) - „Anwaltsschriftsatz"; BGH GRUR 1987, S.704 (706) - „Warenzeichenlexika".

217 Vgl. Erdmann, CR 1986, S.249 (253f.).

218 Ulmer, GRUR 1968, S.527 (529); Hartmann, UFITA 122, S.57 (71); Schulze, GRUR 1984, S.400 (404); Fromm/Nordemann/ Vinck, UrhG, §2, Rn.17.

219 Vorschläge zur Objektivierung und Vereinheitlichung der Prüfungsmaßstäbe finden sich bei: Schulze, GRUR 1984, S.400 (400ff.); Schneider, GRUR 1992, S.82 (83f.); Jörger, S.47ff.; Hartmann, UFITA 122, S.57 (73ff.).

220 Köhn, ZUM 1994, S.278 (287).

221 Schulze, GRUR 1984, S.400 (416).Bereits die Frage, welche Indizien zur Beurteilung der Individualität herangezogen werden sollen und wie diese Indizien zu gewichten sind, hat einen subjektiven Einschlag.

zweifelhaft, ob es möglich ist, einen Indizienkatalog zu erstellen, der für alle Werkarten Geltung hat, oder ob nicht für verschiedene Werkarten jeweils spezifische Indizien herausgearbeitet werden und neben die allgemeinen Indizien treten sollten.[222]

Obwohl auch das Schrifttum die Erzeugnisse der „kleinen Münze" aufgrund ihrer oft aufwendigen Herstellung überwiegend als schutzwürdig ansieht, mehren sich die Stimmen, die einen urheberrechtlichen Schutz der „kleinen Münze" ablehnen. Vor allem die verschiedenen Schutzuntergrenzen bei Werken seien mit dem einheitlichen Werkbegriff des UrhG nicht zu vereinbaren. Darüber hinaus bestehe durch einen urheberrechtlichen Schutz der „kleinen Münze" die Gefahr, daß das Urheberrecht mit der Zeit ausgehöhlt und in ein gewerbliches Schutzrecht umfunktioniert würde. Die Werke der „kleinen Münze" sollen deshalb aus dem Urheberrecht herausgenommen und statt dessen über den ergänzenden wettbewerbsrechtlichen Leistungsschutz oder ein neu zu schaffendes Leistungsschutzrecht geschützt werden.[223]

Dem läßt sich vor allem entgegenhalten, daß bisher nur das Urheberrecht einen ausreichenden Schutz der Erzeugnisse der „kleinen Münze" gewährleistet. Ein Schutz über das Wettbewerbsrecht ist wegen des erforderlichen Nachweises spezifischer Unlauterkeitsmerkmale nicht so effektiv wie ein urheberrechtlicher Schutz. Zudem gewährleistet das Urheberrecht durch die Berner Übereinkunft und das Welturheberrechtsabkommen einen internationalen Schutz der „kleinen Münze".

---

222 Auf die Probleme im Zusammenhang mit der Arbeit von Indizien weist ausführlich Hartmann, UFITA 122, S.57 (71-74) hin. Ihm ist darin zuzustimmen, daß Indizien immer nur einen Hinweis auf das Vorliegen der erforderlichen Individualität geben können. Ein urheberrechtlicher Schutz muß deshalb auch dann möglich bleiben, wenn Indizien ganz fehlen.

223 Vgl. Schraube, UFITA 61, S.127 (130ff.); Schulze, GRUR 1987, S.769 (769ff.); Schneider, GRUR 1992, S.82 (83f.); Köhn, ZUM 1994, S.278 (282ff.); Fromm/Nordemann/Vinck, UrhG, §2, Rn.19; Hanser-Strecker, S.47-49; Dietz, Gedenkschrift für Fritz Schönherr, S.111 (114-119); Hubmann/Rehbinder, S.92. Vgl. umfassend zu den Problemen beim Schutz der kleinen Münze: Schulze, Die kleine Münze und ihre Abgrenzungsproblematik bei den Werkarten des Urheberrechts; Thoms, Der urheberrechtliche Schutz der kleinen Münze.

Darüber hinaus würde auch die Verlagerung der „kleinen Münze" in ein Leistungsschutzrecht die bestehende Abgrenzungsproblematik nicht lösen. Vielmehr würde diese dadurch, daß zusätzlich eine Bestimmung der Obergrenze der „kleinen Münze" erforderlich würde, sogar noch verschärft.[224]

An das zum Vorliegen von urheberrechtlicher Individualität erforderliche Maß an Gestaltungshöhe sind somit keine allzu großen Anforderungen zu stellen. Ausreichend ist vielmehr schon ein geringer Eigentümlichkeitsgrad.[225] Ausschlaggebend für die Beurteilung des Vorliegens der erforderlichen Individualität ist dabei die Auffassung der mit musikalischen Fragen einigermaßen vertrauten und dafür aufgeschlossenen Verkehrskreise.[226]

e) Individuelle elektronisch erzeugte Einzelsounds

Damit ein elektronisch erzeugter Einzelsound die erforderliche Individualität aufweist, muß folglich der bestehende große Gestaltungsspielraum wenigstens in geringem Maße ausgenutzt worden sein. Nicht schutzfähig sind dagegen die Einzelsounds, die nicht in geringstem Maße über das rein Handwerkliche herausragen, die auf reiner Routine oder Schablone beruhen. Keine Individualität weisen damit vor allem die sog. Standardsounds auf. Dabei handelt es sich um eine Anzahl von Sounds, die sich in der Regel in jedem neueren Synthesizer befinden, z.B. E-Pianos, Orgeln, Brass-Sounds und die „nachgemachten" Klänge akustischer Instrumente, wie z.B. Klavier, Streicher, Holz- und Blechblasinstrumente. Diese Einzelsounds werden anhand von konkreten Vorbildern nur „nachgebaut".[227] Sie

---

[224] Loewenheim, GRUR 1987, S.761 (768f.); Münker, S.45; Schwenzer, ZUM 1996, S.584-590.
[225] BGH GRUR 1981, S.267 (268) - „Dirlada"; BGH GRUR 1988, S.812 (814) - „Ein bißchen Frieden".
[226] BGH GRUR 1981, S.267 (268) - „Dirlada".
[227] Bekannte Beispiele sind etwa die zahlreichen Imitationen der Hammond-Orgel, des Clavinets, des Rhodes-Pianos, der DX-7 Pianos oder der Oberheim-Strings.

sollen einem bereits bekannten Originalsound möglichst nahe kommen. Aus diesem Grunde ist bei ihrer Erschaffung kein Platz für die Einbringung der Persönlichkeit des Sounderschaffers. Diesen Sounds liegt somit regelmäßig nur eine rein handwerkliche Leistung zugrunde. Ein urheberrechtlicher Schutz scheidet deshalb mangels Individualität aus. Aufgrund ihrer häufigen Verwendung über Jahre hinweg haben diese Sounds zudem schon Aufnahme in das musikalische Allgemeingut gefunden und sind deshalb frei nutzbar.[228]

Als individuell und damit urheberrechtlich schutzfähig kommen insbesondere solche elektronisch erzeugten Einzelsounds in Betracht, die sehr komplex sind, d.h. aus sehr vielen Klangkomponenten bestehen, die in Beziehung zueinander gesetzt werden, so daß der Klang an sich schon eine Art Komposition darstellt und somit den individuellen Geist des Urhebers ausdrückt.[229]

Allerdings gibt es sehr viele Einzelsounds, die nicht in eine der eben genannten Kategorien passen. Bei diesen ist eine Abgrenzung bezüglich ihrer Schutzfähigkeit in der Praxis sehr schwierig. Um herauszufinden, ob diese elektronisch erzeugten Einzelsounds die für einen urheberrechtlichen Schutz erforderliche Gestaltungshöhe aufweisen, ist folgende Vorgehensweise denkbar:

Bei einem Einzelsound sind insbesondere die Elemente Tonhöhe, Tondauer, Klangfarbe und zeitlicher Verlauf des Klanges von Bedeutung und unterliegen der „Gestaltungsmacht" des Sounderschaffers. Damit ein Einzelsound individuell ist, müssen diese einzelnen Gestaltungselemente oder ihre Gesamtheit Individualität aufweisen. Um herauszufinden, ob dies der Fall ist, sind die einzelnen Elemente

---

[228] Daß im Laufe der Zeit eine musikalische Gestaltungsform allgemeingültig werden kann ergibt sich insbesondere aus dem Phänomen der sog. „wandernden Melodien". Dabei handelt es sich um Tonfolgen, die von einer Reihe von Komponisten benutzt wurden bzw. werden. Ulmer, Urheber- und Verlagsrecht, S.275 spricht in diesem Zusammenhang von „Gemeingut kraft Tradition und Übung". Vgl. außerdem Riedel, S.154; Rauscher auf Weeg, S.154f., Wolpert, UFITA 50, S.769 (831f.); BGH GRUR 1971, S.266 (266-269) mit Anmerkung von Bielenberg (S.269); Schlingloff, S.29f.

[229] Im Prinzip nähert man sich dabei schon stark der Klangfarbenmelodie an, bei der ein einzelner Ton über mehrere Takte hinweg in seiner Klangfarbe variiert wird. Vgl. zur Klangfarbenmelodie Riedel, S.206; Schlingloff, S.37. Eine solche Klangfarbenmelodie läßt sich mit modernen Synthesizern problemlos in einem einzigen Sound verwirklichen.

bzw. der Gesamtsound mit anderen Gestaltungselementen bzw. mit anderen elektronischen Einzelsounds zu vergleichen. Individualität kann nur dort gegeben sein, wo gewisse individuelle Eigenheiten bestehen.[230] Damit das Vorliegen von individuellen Eigenheiten zumindest in einem gewissen Umfang nachprüfbar wird, erscheint es sinnvoll, objektive Indizien herauszuarbeiten, die wenigstens auf eine teilweise Ausnutzung des bestehenden großen Gestaltungsspielraums hinweisen und damit für eine individuelle Eigenart eines Einzelsounds sprechen.

Für das Vorliegen von Individualität spricht zunächst die Vielschichtigkeit eines Einzelsounds. Je mehr einzelne Klangkomponenten der Einzelsound aufweist, desto größer ist der Gestaltungsspielraum und damit der Hinweis auf das Vorliegen einer individuellen Gestaltung.

Eine große Chance individueller Gestaltung bietet zudem der zeitliche Verlauf des Klanges. Insbesondere mit Hilfe der Hüllkurven ist eine Reihe von Modulationen, z.B. des Filters oder des Verstärkers möglich. Der zeitliche Verlauf des Klanges läßt sich außerdem mit einer Reihe von Controllern beeinflussen. Dabei gilt, daß ein längerer Sound mehr Raum für eine zeitliche Gestaltung bietet.

Neben diesen Gestaltungsfaktoren spricht es für die Individualität eines elektronisch erzeugten Einzelsounds, wenn der einigermaßen mit musikalischen Fragen vertraute Hörer diesen als neu oder eigenartig empfindet. [231] Dabei spielt der erste Eindruck von einem Sound und die Erstmaligkeit der Verwirklichung einer Soundidee eine nicht unwichtige Rolle.[232] Ein weiteres Abgrenzungsindiz bildet die

---

[230] Vgl. BGHZ 27, 351 (356f.) - „Candida-Schrift"; BGH GRUR 1985, S.1041 (1047) - „Inkasso-Programm"; BGH GRUR 1986, S.739 (740f.) - „Anwaltsschriftsatz"; BGH GRUR 1987, S.704 (706) - „Warenzeichenlexika". Bei den Elementen Tonhöhe und Tondauer besteht nur eine sehr kleine Anzahl von Gestaltungen, die im Rahmen moderner Popularmusik einsetzbar sind. Deshalb besteht insoweit praktisch kein Gestaltungsspielraum. Individualität kann sich vor allem in der Klangfarbe und im zeitlichen Verlauf des Klanges ausdrücken. Insbesondere die Klangfarbe kann in unbegrenzter Art und Weise gestaltet werden

[231] So Münker, S.58 in bezug auf Schlagzeugfiguren.

[232] Vgl. dazu Schulze, GRUR 1984, S.400 (407).

Austauschbarkeit eines Einzelsounds, der im Rahmen einer Musikproduktion Verwendung gefunden hat. Dabei spricht eine beliebige Austauschbarkeit des Sounds in der Musikproduktion gegen eine Individualität. Für eine individuelle Gestaltung des Einzelsounds spricht dagegen, wenn der Einzelsound den Gesamtsound der Produktion wesentlich mitbestimmt.

Weitere Hinweise auf das Vorliegen von Individualität können Nachahmungen eines Einzelsounds, das Fehlen von Doppelschöpfungen und das Fehlen einer Massenproduktion bieten.[233] Dabei ist allerdings zu beachten, daß dies nur sehr schwache Indizien sind. Die Nachahmung eines Sounds muß z.B. nicht darauf hindeuten, daß der Nachahmer nicht selbst auf den Sound gekommen wäre. Vielmehr kann Anlaß für eine Nachahmung auch der kommerzielle Erfolg einer Musikproduktion sein, an dem durch die Nachahmung von deren Sounds partizipiert werden soll. Auch das Entstehen von Doppelschöpfungen kann auf Zufall beruhen, wobei dies mit der Anzahl der bestehenden Doppelschöpfungen immer unwahrscheinlicher wird, so daß es auf das Bestehen nur geringen Gestaltungsspielraums und damit auf das Fehlen von Individualität hindeutet.

Wie bereits oben erwähnt, sind solche Einzelsounds nicht schutzfähig, die lediglich eine Nachahmung bestehender Einzelsounds darstellen. Bei ihnen fehlt es an einer Ausnutzung des Gestaltungsspielraums und damit an einer individuellen Gestaltung. Für Individualität spricht dagegen, wenn ein Einzelsound nicht mehr zu den oben beschriebenen sog. Standardsounds gerechnet werden kann. Je weiter er sich von diesen entfernt, desto eher ist eine individuelle Gestaltung annehmbar.

Keinen Hinweis auf das Vorliegen von Individualität bieten der durch den Künstler erbrachte Aufwand an Zeit und Arbeit, die Berühmtheit des Urhebers und der Preis des Einzelsounds.[234]

---

[233] Schulze, GRUR 1984, S.400 (410f.); Hartmann, UFITA 122, S.57 (73).
[234] Vgl. Schulze, GRUR 1984, S.400 (414).

Zusammenfassend läßt sich somit folgendes festhalten:

Elektronisch erzeugte Einzelsounds sind grundsätzlich dann individuell, wenn der große zur Verfügung stehende Gestaltungsspielraum bei ihrer Erschaffung zumindest teilweise ausgenutzt worden ist. Indizien, die bei der Beurteilung der Ausnutzung des Gestaltungsspielraums herangezogen werden können, sind die Entfernung des Einzelsounds von den sog. Standardsounds, die Komplexität des Einzelsounds, die Länge des Einzelsounds und das Ausmaß der zeitlichen Veränderung des Einzelsounds. Zu berücksichtigen sind ferner der Höreindruck, den der einigermaßen mit musikalischen Fragen vertraute Hörer von dem Sound hat, die Austauschbarkeit eines Sounds, der im Rahmen einer Musikproduktion Verwendung gefunden hat, das Vorliegen von Nachahmungen, das Fehlen von Doppelschöpfungen und das Fehlen einer Massenproduktion. Unter Berücksichtigung dieser Indizien ist in einer Gesamtbewertung festzustellen, ob der Sound Individualität aufweist oder nicht.

4. Persönliche Schöpfung

Zum Bestehen eines urheberrechtlichen Schutzes ist es zudem erforderlich, daß ein elektronisch erzeugter Einzelsound eine persönliche Schöpfung darstellt. Das Vorliegen einer persönlichen Schöpfung setzt ein menschliches Schaffen voraus. Maschinen und Apparate als solche können keine Werkschöpfung erbringen.[235] Gegen den Werkcharakter von elektronisch erzeugten Einzelsounds könnte deshalb sprechen, daß diese mit Hilfe elektronischer Geräte und Apparaturen geschaffen werden.

[235] Fromm/ Nordemann/Vinck, UrhG, §2, Rn.12; Schricker/Loewenheim, UrhG, §2, Rn.5; Gerstenberg, UrhG, §2, Anm.16.

a) Einsatz elektronischer Hilfsmittel bei der Sounderstellung

Bei der Erzeugung von elektronischen Einzelsounds dienen die musikelektronischen Geräte jedoch nur als Hilfsmittel zur Soundherstellung. Das Arbeitsergebnis, d.h. der Einzelsound, wird in der Regel durch entsprechende Anweisungen an das Instrument eindeutig geplant und festgelegt. Letztlich entscheiden deshalb nicht die verwendeten Geräte sondern der Sounderschaffer selbst anhand seiner künstlerischen Vorstellungen über das Ergebnis seiner Arbeit.[236] Fungieren die elektronischen Geräte nur derart als Hilfsmittel, können Zweifel am menschlichen Schaffen und damit am Vorliegen einer persönlichen Schöpfung nicht bestehen.[237] Dies gilt auch für den Fall, daß die Sounderstellung mit Hilfe eines Computers und eines sogenannten Editor-Programms erfolgt.[238] Computer und Editor-Programm ermöglichen dem Sounderschaffenden lediglich einen besseren Überblick über die einzelnen Soundparameter seines Synthesizers. In der Regel plant aber auch hier der Sounderschaffer selbst den Einzelsound und legt die konkrete Soundbeschaffenheit fest.

b) Einsatz eines Zufallsgenerators

Etwas anderes könnte dann gelten, wenn ein Einzelsound unter Verwendung eines Zufallsgenerators erschaffen wird. Ein Zufallsgenerator kann digitale Daten anhand bestimmter Zufallsfunktionen erzeugen. Bei der Gestaltung elektronischer Einzelsounds kommt der Einsatz eines Zufallsgenerators, der in dem elektronischen Instrument bereits integriert ist oder der Einsatz eines externen Zufallsgenerators in Betracht. Insbesondere Editorprogramme verfügen in der Regel über verschiedene

---

236 Vgl. Münker, S.70f.

237 Vgl. Schricker/Loewenheim, UrhG, §2, Rn.5; Hubmann/Rehbinder, S.85; Tetzner, JZ 1975, S.649 (656); Fabiani, GRUR Int. 1965, 422 (424f.); Samson, UFITA 56, S.117 (140); Fellerer, INTEGRU-Schriftenreihe Band 37, S.9 (29); Kindermann, ZUM 1987, S.219 (227f.).

238 Editorprogramme bieten die Möglichkeit, die Klangprogrammierung eines Synthesizers am Computer vorzunehmen. Da sich mit Hilfe dieser Programme eine Reihe von Klangparametern graphisch darstellen lassen, erleichtern sie die Erstellung oder Veränderung von Klangdaten. Siehe zur Sounderstellung mit Hilfe von Editorsoftware: Gorges/Merck, S.273-287.

Zufallsfunktionen. Diese sind in unterschiedlichem Ausmaß vom Anwender programmierbar und auf verschiedene Arten bei der Erstellung von Sounds einsetzbar.[239]

Zunächst kann der Zufallsgenerator zur Erstellung völlig neuer Einzelsounds genutzt werden. Dabei erhöht sich normalerweise die „Brauchbarkeit“ der Einzelsounds für den gewünschten Zweck mit der Genauigkeit der jeweiligen Vorgaben des Sounderschaffers an den Zufallsgenerator. Der Zufallsgenerator kann auch dazu eingesetzt werden, um Variationen von einem vorgegebenen Einzelsound erzeugen zu lassen. Außerdem ist es möglich, dem Zufallsgenerator zwei Einzelsounds als Anhaltspunkte zu geben und aus dem Mittelwert der Parameter dieser Sounds einen neuen Einzelsound berechnen zu lassen.

aa) Zufallsgenerator und persönliche Schöpfung

Die Zweifel, ob ein mit Hilfe eines Zufallsgenerators erzeugter Einzelsound eine persönliche Schöpfung darstellt, ergeben sich vor allem daraus, daß es beim Einsatz eines Zufallsgenerators an einem eindeutig geplanten und festgelegten Arbeitsergebnis fehlt. Zwar läßt auch der Zufallsgenerator eine Reihe von Vorbestimmungen bezüglich des zu schaffenden Einzelsounds zu, letztlich ist es aber gerade der Sinn des Zufallsgenerators, daß sein Arbeitsergebnis nicht exakt vorhersehbar ist.[240]

Möhring lehnt für den Fall des Einsatzes eines Zufallsgenerators den Werkcharakter generell ab. Der Computer erhalte höchstens Anregungen, wie das Werk zu erschaffen sei, die endgültige Zusammenfügung des Werkes bleibe aber ihm vorbehalten. Da bei Einschaltung des Zufallsgenerators jede genaue Voraussehbarkeit des Arbeitsergebnisses ausgeschlossen sei, sei die den Urheberschutz begründende

---

239 Vgl. Gorges/Merck, S.277f.

240 Mit der Anzahl und Genauigkeit der dem Zufallsgenerator gegebenen Vorbestimmungen steigt der Grad der Planung und Festlegung des Einzelsounds.

Voraussetzung nicht gegeben, daß dem Werkschaffenden bei seinen Anweisungen an den Computer die konkrete Form seines Werkes vor Augen stand. Dadurch sei nicht das ganze Werk vom seinem Schöpfer geformt und damit Ausdruck seiner Persönlichkeit.[241]

Anders als Möhring ist Fromm der Ansicht, daß auch demjenigen, der unter Einschaltung des Zufalls ein „Kunstwerk" hervorbringt, immer Urheberrechtsschutz an seinen Produkten zusteht.[242] Dagegen spricht jedoch, daß ein Erzeugnis, das nur durch den Computer geschaffen worden ist, nicht von der Persönlichkeit eines Menschen und damit von dessen individuellem Geist geprägt ist.[243] Andererseits erscheint es zum Vorliegen von Individualität aber auch nicht notwendig, daß das Endprodukt bis in die kleinste Einzelheit voraussehbar gewesen ist.[244] Es wird wohl sehr oft der Fall sein, daß einem Künstler bei Beginn seines Werkschaffens erst die groben Grundzüge seines Werkes vor Augen stehen, die genaue Ausgestaltung aber noch im Dunkeln liegt. Zudem spielt auch im Rahmen des Werkschaffens ohne Computer der Zufall oft eine nicht unerhebliche Rolle. Damit die Persönlichkeit des Urhebers in einem Werk Ausdruck findet, sollte es deshalb ausreichen, daß der Urheber das wesentliche Grundmuster des Werkes erschafft.[245] Setzt er dann bei der endgültigen Ausformung des Werkes planend und bewußt den Zufall als Gestaltungsmittel ein, steht er als Künstler verantwortlich hinter dem Werk. Seine Persönlichkeit findet dadurch in dem Werk Ausdruck, so daß das von ihm Geschaffene trotz des Einsatzes eines Zufallsgenerators bei Erfüllung der

---

[241] So Möhring, UFITA 50, S.835 (840-843) für computer-erzeugte Musikstücke.
[242] Fromm, GRUR 1964, S.304 (306).
[243] Jörger, S.63 mit weiteren Nachweisen. Gemeint sind hier Erzeugnisse, deren Gestaltung im wesentlichen den Zufallsfunktionen des Computers überlassen worden ist. Auch in diesem Fall ist allerdings ein von einem Menschen erstelltes Programm erforderlich. Völlig selbständig kann der Computer nicht arbeiten. Vgl. Brutschke, S.44f.
[244] Vgl. Weissthanner, S.73.
[245] Vgl. Schricker/Loewenheim, UrhG, §2, Rn.5.

weiteren Voraussetzungen des Werkbegriffs einem urheberrechtlichen Schutz unterliegt.[246]

Darüber hinaus soll nach Weissthanner ein urheberrechtlicher Schutz auch dann gegeben sein, wenn der Urheber zwar nicht das wesentliche Grundmuster des Werkes geschaffen, dafür aber aus mehreren vom Zufallsgenerator erzeugten Versionen eine als die endgültige ausgewählt hat. Zur Begründung ihrer Ansicht zieht sie §4 UrhG heran. Nach dieser Vorschrift können auch die Auswahl und Anordnung von Beiträgen eine persönliche geistige Schöpfung in Form eines Sammelwerks darstellen.[247] Zurecht wird jedoch darauf hingewiesen, daß im Zeitpunkt der Auswahl das Computererzeugnis bereits vorliegt, so daß die Entscheidung, ob es eine persönliche geistige Schöpfung darstellt oder nicht, bereits gefallen ist. Einem urheberrechtlichen Schutz als Sammelwerk nach §4 UrhG kann nur die konkrete Zusammenstellung unterliegen. Es kann aber nicht nachträglich ein Urheberschutz für den einzelnen Beitrag begründet werden, wenn dieser nicht bereits ein urheberrechtlich schutzfähiges Werk ist.[248]

bb) Zufallsgenerator und geistiger Inhalt

Ein urheberrechtlicher Schutz von Schöpfungen, die mit Hilfe eines Zufallsgenerators entstanden sind, wird darüber hinaus teilweise mit der Begründung abgelehnt, ein Computer könne keine Gefühle und Eindrücke in sein Schaffen hineinlegen.

[246] Movsessian/Seifert, S.97f. Vgl. auch: Schenk, S.136; Schmidt, UFITA 77, S.1 (36-38); Tetzner, JZ 1975, S.649 (656); Girth, S.79-93. Denkbar ist auch, daß nur einzelne Soundbestandteile durch den Computer erzeugt werden und der Werkschaffende diese mit von ihm persönlich erstellten Soundbestandteilen kombiniert. Entscheidend ist in diesem Fall allein, ob der fertige Einzelsound eine persönliche geistige Schöpfung ist. Dabei ist zu beachten, daß eine solche auch in der Kombination für sich ungeschützter Soundbestandteile liegen kann, vgl. Brutschke, S.54f.

[247] Weissthanner, S.72-77; so auch Schricker/Loewenheim, UrhG, §2, Rn.5; Kummer, S.193f.; Schmieder, UFITA 52, S.107 (111f.).

[248] Brutschke, S.51f.; vgl. auch Tetzner, JZ 1975, S.649 (656). Kritisiert wird an dieser Auffassung zudem, daß die bloße Auswahl in die Nähe der „objets trouvés“ führt, die nach h.M. jedoch von einem urheberrechtlichem Schutz ausgeschlossen sein sollten. Vgl. Pakuscher, UFITA 72, S.107 (125); Hartmann, UFITA 122, S.57 (90).

Deswegen fehle es den durch den Computer erschaffenen Zufallserzeugnissen an einem geistigen Inhalt.[249]

Dieser Ansicht ist zumindest für den Fall zuzustimmen, daß die Gestaltung eines Werkes komplett dem Zufall überlassen bleibt, der Werkschaffende also keinerlei Vorgaben macht. Dem Geschaffenen liegt dann lediglich eine bloß mechanische Leistung zugrunde, die mangels Planung und Vorhersehbarkeit nicht die Gedanken- oder Gefühlswelt des Schaffenden zum Ausdruck bringen kann.[250] Macht sich der Werkschaffende allerdings Gedanken über die wesentlichen Grundzüge des Werkes und legt diese für das Arbeitsergebnis fest, prägt er dem Werk trotz des Offenlassens der konkreten Gestaltung bereits einen Gedanken- oder Gefühlsinhalt auf. Dieser Gedanken- oder Gefühlsinhalt wird jedoch nur dann durch das mit Hilfe des Zufallsgenerators entstandene Werk ausgedrückt, wenn das Werk der Vorstellung des Werkschaffenden entspricht. Will ein Soundprogrammierer mit Hilfe eines Editors mit Zufallsgenerator einen Einzelsound erschaffen, gibt aber z.B. mangels genauer Kenntnis der einzelnen Programmparameter falsche Vorbestimmungen in das Programm ein, so daß statt eines langanhaltenden Einzelsounds ein perkussiver Einzelsound erzeugt wird, drückt der geschaffene Einzelsound nicht den Gedanken- oder Gefühlsgehalt des Soundprogrammierers aus. Ein urheberrechtlicher Schutz ist in diesem Fall nicht gegeben. Erzeugt das Programm jedoch einen Einzelsound, der den Vorstellungen des Soundprogrammierers entspricht, kann nichts anderes gelten, als hätte dieser selbst so lange an den einzelnen Soundparametern herumprobiert, bis er den entsprechenden Sound gefunden hätte. Auch in diesem Fall ist der Computer nur ein Hilfsmittel, das dem Werkschaffenden seine Tätigkeit erleichtert. Letztendlich behält dieser aber die Herrschaft über das Ergebnis seines Schaffens und prägt diesem seinen Gedanken- oder Gefühlsgehalt auf. Ein geistiger Inhalt ist damit gegeben.

---

249 Fabiani, GRUR Int. 1965, S.422 (424); Brutschke, S.47; Jörger, S.67.
250 Vgl. Fromm/Nordemann/Vinck, UrhG, §2, Rn.10.

cc) Erschaffer des Computerprogramms als Urheber

Für Computerkompositionen wird vertreten, Urheber aller aus einem Computerprogramm realisierbaren Kompositionen sei derjenige, der das Kompositionsprogramm ausgearbeitet hat.[251] Dies erscheint jedoch lediglich für den Fall angemessen, daß das Programm keine wesentliche Einflußnahme des Programmanwenders auf das Arbeitsergebnis zuläßt, sondern dieses bereits in seinen wesentlichen Grundzügen vorbestimmt. Das Arbeitsergebnis kann dann nur die Individualität des Programmerschaffers zum Ausdruck bringen. Zweifel an diesem Ergebnis bestehen aber für den Fall, daß durch die Programmierung von Zufallsfunktionen das Ergebnis der Programmanwendung durch das Programm nicht in wesentlichen Teilen vorherbestimmt wird.[252] Ist es erst der Anwender des Programms, der durch die konkreten Anweisungen an das Programm den vom Programmierer des Programms vorgegebenen Gestaltungsspielraum konkretisiert, prägt er mit der Festlegung der wesentlichen Grundzüge dem zu schaffenden Erzeugnis seine Individualität auf, so daß ihm ein möglicher Urheberrechtsschutz zugesprochen werden muß.

5. Die sonstigen Argumente gegen einen urheberrechtlichen Schutz

Nach dem bisher Festgestellten sind elektronisch erzeugte Einzelsounds vorstellbar, die die Voraussetzungen des urheberrechtlichen Werkbegriffs erfüllen. Gleichwohl könnte auch an diesen Sounds kein urheberrechtlicher Schutz bestehen. In der herrschenden Meinung finden sich eine Reihe von Argumenten, mit denen begründet werden soll, daß ein Schutz elektronisch erzeugter Einzelsounds z.B. aufgrund „übergeordneter Interessen", wie dem Interesse der musikalischen Schaffensfreiheit der Allgemeinheit oder aufgrund praktischer Erwägungen, ausscheiden soll.

[251] Weissthanner, S.76; Samson, UFITA 56, S.117 (140f.); Hartmann, UFITA 122, S.57 (90).
[252] Vgl. dazu Brutschke, S.53; Möhring, UFITA 50, S.835 (841).

a) Bausteinfunktion des Sounds

Eine generelle urheberrechtliche Schutzunfähigkeit von Einzelsounds wird zunächst mit der Bausteinfunktion der Einzelsounds im Rahmen des musikalischen Schaffens begründet. Ebenso wie der Rhythmus, die Harmonik und die Melodik als Grundbaustein musikalischen Schaffens urheberrechtsfrei seien, müßten auch die Einzelsounds frei benutzbar bleiben. Im Interesse des musikalischen Fortschritts und der künstlerischen Entfaltungsfreiheit dürfe es nicht zu einer Monopolisierung der musikalischen Bausteine kommen. Klänge gehören nach dieser Auffassung deshalb zum künstlerischen Allgemeingut, das jeder uneingeschränkt frei benutzen darf.[253]

aa) Gründe für die Urheberrechtsfreiheit von Werkbausteinen

Durch das Urheberrecht wird dem Urheber die „Werkherrschaft" an den von ihm geschaffenen Werken zuerkannt, indem ihm das Werk als das „Seine" zugeordnet wird.[254] Das Urheberrecht gewährt dem Urheber damit ein Monopol an den von ihm geschaffenen Werken. Er allein entscheidet, wie seine Werke verwendet und verwertet werden sollen. Dieses Monopol führt grundsätzlich zu einer „Behinderung" der freien Benutzung des Werkes durch die Allgemeinheit. Diese Behinderung ist wegen der engen Verbindung des Urhebers zu seinem Werk in der Regel hinzunehmen. Da das geschaffene Werk durch die Persönlichkeit des Urhebers geprägt wird, hat er ein Interesse daran, als Urheber des Werkes anerkannt zu werden. Er möchte zudem entscheiden können, ob und wann sein Werk veröffentlicht wird und will Veränderungen oder Entstellungen seines Werkes verhindern können.[255] Der Urheber ist darüber hinaus normalerweise darauf angewiesen, von

---

253 Gentz, UFITA 34, S.9 (12); Hanser-Strecker, S.75; Weissthanner, S.46; Schenk, S.117f.; Tenschert, ZUM 1987, S.612 (615f.); Hodik, Medien und Recht 1988, S.110 (111); Schlingloff, S.26f.; Spieß, ZUM 1991, S.524 (529); Münker, S.83. Vgl. auch Kummer, S.146; B. Schramm, S.59.

254 Vgl. Hubmann/Rehbinder, S.59f.

255 Hubmann/Rehbinder, S.52.

seinem Schaffen seinen Lebensunterhalt bestreiten zu können, so daß materielle Interessen neben die ideellen treten. Aus diesem Grunde ist es für den Urheber notwendig, sein Werk wirtschaftlich verwerten zu können.[256] Dabei ist die Position des Urhebers sehr schwach. Er muß zur Realisierung eines Werkes oft erhebliche materielle Vorleistungen erbringen. Ist das Werk dann fertiggestellt, ist dessen wirtschaftlicher Wert sehr schwer abschätzbar. Zudem ist der Urheber darauf angewiesen, einen Verwerter für sein Werk zu finden. Dies ist wegen des großen Angebots an Werken oftmals nicht leicht.[257] In Anbetracht der schwachen Position der Urheber im Wirtschaftsleben ist es um so wichtiger, dem Urheber den vollen Wert seines Werkes zu sichern.[258] Die Interessen der Allgemeinheit an einer ungehinderten Werknutzung haben deshalb grundsätzlich hinter den Interessen des Urhebers zurückzutreten.[259]

Die Interessen der Allgemeinheit müssen jedoch nicht immer hinter denen des Urhebers zurücktreten. Nicht ohne Berücksichtigung bleiben kann die Tatsache, daß der Werkerschaffer bei seinem Schaffen auch aus dem Schatz des Gemeinguts der Gesellschaft schöpft. Er sammelt aus dem Schaffen anderer Anregungen und Ideen für seine eigenen Werke. Auf diesem Wege ist die Allgemeinheit nicht unwesentlich an der Entstehung neuer Werke beteiligt. Den Interessen des Urhebers steht zudem das Interesse der Allgemeinheit gegenüber, Geisteswerke möglichst ungehindert genießen zu können. Der Einzelne ist zur Entfaltung seiner Persönlichkeit auf die Benutzung fremden Geistesgutes angewiesen, und die Interessen eines Fortschritts von Kunst und Wissenschaft sind nur dann gewährleistet, wenn Urheber

---

[256] Die heute herrschende Meinung, sog. monistische Theorie, sieht deshalb das Urheberrecht als eine Mischung aus Vermögens- und Persönlichkeitsrecht und damit als ein Recht besonderer Art an. Siehe Ulmer, Urheber- und Verlagsrecht, S.114-118; Rauscher auf Weeg, S.2f.; Allfeld, S.21.

[257] Geistige Berufe sind sehr populär, so daß immer mehr Werke entstehen. Die lebenden Urheber erhalten zudem Konkurrenz durch die toten Urheber. Diese können zwar keine Werke mehr schaffen, ihre Werke sind aber noch vorhanden und können reproduziert werden.

[258] Vgl. Hubmann/Rehbinder, S.50f. Die Rechtsprechung hat schon frühzeitig das Postulat aufgestellt, daß der Urheber tunlichst an dem wirtschaftlichen Nutzen zu beteiligen ist, der aus seinem Werk gezogen wird; RGZ 153, S.1 (22) - „Rundfunksendung"; BGHZ 11, S.135 (143) - „Lautsprecherübertragung"; BGH GRUR 1974, S.786 (787) - „Kassettenfilm"; vgl. auch BVerfGE 49, S.382 (400) - „Kirchenmusik".

[259] Hubmann, Recht des schöpferischen Geistes, S.56.

auf den Werken anderer Urheber aufbauen können. Der Urheber muß deshalb in bestimmten Ausnahmefällen Beschränkungen seines Urheberrechtes zugunsten der Allgemeinheit hinnehmen.[260]

Ein besonderes Interesse der Allgemeinheit liegt in einer freien künstlerischen und musikalischen Entwicklung.[261] Diese ist nur gewährleistet, wenn jeder die Möglichkeit hat, Werke zu erschaffen. Üblicherweise baut das Werkschaffen auf bestimmten einzelnen Bausteinen auf. Aus diesen setzt der Werkerschaffer seine Werke zusammen. In der Kunst sind dies z.B. einzelne Farben. Auch im Bereich des musikalischen Werkschaffens gibt es eine Reihe solcher Bausteine. Diese sind z.B. die Rhythmik, die Melodik und die Harmonik. Da das ganze Werkschaffen auf diesen Bausteinen basiert, würde bei ihrer Monopolisierung die Gefahr bestehen, daß das Werkschaffen gänzlich zum Erliegen kommen würde oder zumindest nur noch unter unverhältnismäßigen Schwierigkeiten möglich wäre. Eine freie musikalische und künstlerische Entwicklung würde dadurch sehr stark behindert. Deshalb sollen in diesem Fall ausnahmsweise die Interessen des Urhebers hinter denen der Allgemeinheit zurücktreten und Werkbausteine grundsätzlich urheberrechtsfrei sein.

Darüber hinaus kann sich die Schutzunfähigkeit von Bausteinen des Werkschaffens aber auch aus einem Mangel an Individualität ergeben.[262] Gerade den Bausteinen des Werkschaffens ist es in der Regel zu eigen, daß sie dem Werkerschaffer nur einen geringen Spielraum für Individualität bieten. Beispielsweise ist die Zahl der in der Musik verwendbaren Harmonien, Rhythmen und Töne sehr begrenzt. Es ist deshalb kaum vorstellbar, daß jeder Komponist eines Werkes für dieses einen neuen Rhythmus, neue Harmonien oder ganz neue Töne erfinden könnte.[263] Dieser

---

260 Hubmann, Recht des schöpferischen Geistes, S.56f.

261 Vgl. Hubmann, Recht des schöpferischen Geistes, S.58.

262 Vgl. Hanser-Strecker, S.75; Schlingloff, S.26; Hubmann, Recht des schöpferischen Geistes, S.103.

263 Es ist darüber hinaus unwahrscheinlich, daß es für eine solche Musik viele Hörer geben würde, da sich diese ständig an gänzlich neue Musik gewöhnen müßten.

bestehende Mangel an Gestaltungsspielraum führt in der Regel zu einem Fehlen von Individualität bei musikalischen Bausteinen. Individuell und damit schutzfähig ist dann erst die Auswahl, besondere Verknüpfung und Anordnung bestimmter Bausteine.[264]

bb) Der Einzelsound als musikalischer Baustein

Für die Musik sind Einzelsounds bzw. die einzelnen Klänge verschiedener Instrumente von wesentlicher Bedeutung.[265] Ohne Klänge ist Musik nicht vorstellbar. Der Einsatz verschiedenster Klänge trägt wesentlich zur Ausdruckskraft von Musik bei. Einzelsounds stellen deshalb neben dem Rhythmus, der Harmonik und der Melodik einen Grundbaustein musikalischen Schaffens dar.[266]

cc) Gefahren einer Monopolisierung von Einzelsounds

Wegen ihrer Bausteinfunktion im Rahmen des musikalischen Schaffens könnten Einzelsounds somit urheberrechtsfrei sein.

In bezug auf die klassische Musik und die dabei verwendeten akustischen Instrumente ist die Angst vor einer Monopolisierung von Einzelsounds nachvollziehbar. Die Zahl der in dieser Musik verwendeten Klänge ist begrenzt. Deshalb hätte z.B. bei einer Monopolisierung des Geigen- oder Klavierklanges die Gefahr einer starken Beeinträchtigung, wenn nicht gar eines Stillstandes der musikalischen Entwicklung gedroht.[267]

---

264 Vgl. BGH GRUR 1968, S.321 (324) - „Haselnuß".
265 Dies gilt sowohl für mechanisch als auch für elektronisch erzeugte Einzelsounds.
266 Siehe zur Bausteinfunktion von Einzelsounds: Weissthanner, S.46; Münker, S.83; Schlingloff, S.26.
267 Vgl. Klein, Handbuch der Musikwirtschaft, S.575 (582).

Allerdings haben sich mit der Entwicklung elektronischer Musikinstrumente die Möglichkeiten der Soundgestaltung erheblich vervielfacht. Es lassen sich Einzelsounds mit jeder nur denkbaren Klangfarbe erzeugen. Zudem sind die bei akustischen Instrumenten vorhandenen spezifischen Begrenzungen bezüglich der Tondauer und der Tonhöhe bei elektronischen Klangerzeugern praktisch aufgehoben. Mit elektronischen Klangerzeugern existieren dadurch unbegrenzte Möglichkeiten der Soundgestaltung.[268] Bei elektronisch erzeugten Einzelsounds handelt es sich demnach zwar um musikalische Bausteine, im Gegensatz zu anderen musikalischen Bausteinen stehen sie aber in praktisch unbegrenzter Anzahl zur Verfügung. Deshalb ist es fraglich, ob es im Interesse eines freien musikalischen Schaffens überhaupt erforderlich ist, daß elektronisch erzeugte Einzelsounds urheberrechtsfrei bleiben.

Voraussetzung für eine Beschränkung des Urheberrechts ist ein die Interessen des Urhebers überragendes Interesse der Allgemeinheit an einer freien musikalischen Entwicklung. Dies ist bei Bausteinen, wie z.B. den in unserem Tonsystem gebräuchlichen Tönen, grundsätzlich gegeben, denn diese stehen lediglich in einer eng begrenzten Anzahl zur Verfügung. Würde man sie durch einen urheberrechtlichen Schutz monopolisieren, würde der Allgemeinheit ihre Benutzung zumindest wesentlich erschwert, wodurch das musikalische Werkschaffen stark beeinträchtigt würde. Steht jedoch ein musikalischer Baustein in praktisch unbegrenzter Anzahl zur Verfügung, kann eine Monopolisierung durch einen urheberrechtlichen Schutz das freie musikalische Schaffen nicht unverhältnismäßig einschränken. Anderen Künstlern stehen für ihr Werkschaffen noch überaus vielfältige andere Soundgestaltungen zur Verfügung.[269] Eine Beschränkung des Urheberrechts zugunsten der Allgemeinheit kann m.E. deshalb nur für solche Werkbausteine gelten, die lediglich in einer eng begrenzten Anzahl zur Verfügung stehen. Ansonsten ist ein Eingriff in

---

[268] Siehe oben, S.53f.
[269] So auch Jörger, S.87.

die Rechte des Urhebers zugunsten einer freien musikalischen Entwicklung nicht erforderlich. Vielmehr überwiegen die Interessen des Urhebers auf einen angemessenen Schutz seiner Arbeit.[270]

Folglich besteht, obwohl dem elektronisch erzeugten Einzelsound eine Bausteinfunktion im Rahmen musikalischen Schaffens zukommt, wegen der großen Anzahl zur Verfügung stehender elektronisch erzeugter Einzelsounds keine Gefahr einer Hemmung des musikalischen Schaffens durch eine Monopolisierung einzelner Sounds. Elektronisch erzeugte Einzelsounds müssen deshalb auch nicht generell urheberrechtsfrei bleiben.[271]

Darüber hinaus ist zu bedenken, daß im Urheberrecht sogenannte „Doppelschöpfungen" zulässig sind. Schaffen verschiedene Urheber unabhängig voneinander ein gleiches oder wesentlich gleiches Werk, erhält jeder ein selbständiges Urheberrecht.[272] Würden also zwei Personen unabhängig voneinander den gleichen Einzelsound erschaffen, würden beide ein Urheberrecht erhalten und könnten den Sound verwenden. Daraus ergibt sich, daß selbst bei einem urheberrechtlichen Schutz einzelner elektronisch erzeugter Einzelsounds jeder die Möglichkeit hat, mit seinen elektronischen Musikinstrumenten eigene Sounds zu

---

270 Vgl. zur notwendigen Interessenabwägung: Hubmann, Recht des schöpferischen Geistes, S.60f. Hubmann weist darauf hin, daß nur dort, wo überwiegende Interessen der Allgemeinheit, die nicht auf andere Weise erreicht werden können, es unbedingt notwendig machen, die Interessen des Urhebers zurücktreten müssen. Die Verwehrung eines urheberrechtlichen Schutzes ist zudem ebenso wie eine Begrenzung des urheberrechtlichen Schutzes durch ein Gesetz nur insoweit zulässig, wie sie erforderlich und verhältnismäßig ist. (Vgl. zur zulässigen Beschränkung urheberrechtlicher Positionen: BVerfGE 31, S.229 (241f.) - „Schulbuch"; BVerfGE 49, S.382 (400) - „Kirchenmusik"; BVerfGE 79, S.29 (40f.) - „Vollzugsanstalten"; BVerfGE 81, S.208 (220) - „Bob Dylan". Siehe zur Sozialbindung des geistigen Eigentums auch Kreile, FS für Lerche, S.251-266; Lerche, FS für Reichhardt, S.101-110; Söllner, FS für Traub, S.367 (372f.)). Eine Gemeinfreiheit musikalischer Bausteine ist, wenn diese Bausteine in beliebiger Anzahl zur Verfügung stehen, jedoch weder erforderlich, um die Freiheit des Werkschaffens der Allgemeinheit zu gewährleisten, noch stellt eine solche Gemeinfreiheit eine verhältnismäßige Einschränkung des urheberrechtlichen Schutzes dar. Gegen eine Gemeinfreiheit elektronisch erzeugter Einzelsounds wegen ihrer Bausteinfunktion bestehen m.E. deshalb verfassungsrechtliche Bedenken im Hinblick auf Art. 14 GG.

271 Auch für andere musikalische Werkbausteine, wie z.B. den Rhythmus, wird ein urheberrechtlicher Schutz in besonderen Fällen teilweise für möglich gehalten. Vgl. dazu Gerst, S.16; Hanser-Strecker, S.74; Wolpert, UFITA 50, S.769 (815); Schlingloff , S.35; Spiess, ZUM 1991, S.524 (533); Jörger, S.85; Münker, S.58; B. Schramm, S.61f.; Hoeren, CR 1995, S.762 (762).

272 Fromm/Nordemann/Vinck, UrhG, §2, Rn.11; Hubmann/Rehbinder, S.42.

entwickeln und diese auch verwenden darf. Voraussetzung dafür ist lediglich, daß er seine Sounds selbst erschafft und nicht nur Sounds anderer kopiert.[273]

Im Bereich der elektronisch erzeugten Einzelsounds scheint es zudem fraglich, ob die von der herrschenden Meinung propagierte Gemeinfreiheit der Einzelsounds die musikalische Entwicklung wirklich fördert und zu einem „anregenden gegenseitigen Austausch"[274] aller Werkschöpfer untereinander führt. Die Zweifel daran ergeben sich vor allem daraus, daß die großen Gestaltungsmöglichkeiten, die Synthesizer bieten, in einem krassem Gegensatz zu ihrem tatsächlichen Einsatz in der Musik stehen. Es werden immer wieder die gleichen Sounds verwendet, was dazu führt, daß allgemein die Klischeebildung und die mangelnde Kreativität im Bereich der elektronisch erzeugten Einzelsounds kritisiert wird.[275] Es findet zwar durchaus ein gegenseitiger Austausch statt, dieser ist aber nicht „anregend" im Sinne einer Weiterentwicklung der verwendeten Einzelsounds. Ein Grund für den schablonenhaften Einsatz elektronischer Musikinstrumente ist sicherlich die Komplexität dieser Instrumente, die eine Bedienung sehr schwierig macht.[276] Zusätzlich besteht ein sehr großes Angebot an vorgefertigten Sounds durch diverse Soundanbieter, so daß eine Notwendigkeit, eigene Sounds zu erschaffen, nicht unbedingt besteht. Darüber hinaus trägt m.E. aber auch das Fehlen eines ausreichenden rechtlichen Schutzes

---

[273] Außerdem werden in der Praxis Werke der Popularmusik, die kommerziell verwertet werden sollen, bei der GEMA angemeldet. Dabei überträgt der Urheber seine Verwertungsrechte weitgehend auf die GEMA. Er ist somit selbst nicht mehr dazu berechtigt, Dritten eine unveränderte Werknutzung zu untersagen. Die GEMA ist wiederum gemäß §11 WahrnG ihrerseits dazu verpflichtet, jedem Dritten gegen die Entrichtung eines angemessenen Entgeltes die Werknutzung zu gestatten (siehe dazu Andryk, S.20 u. 29). Deshalb könnte jeder Dritte, der bei der GEMA angemeldete elektronisch erzeugte Einzelsounds anderer verwenden will, diese gegen die Entrichtung eines Entgeltes jederzeit benutzen. Angesichts des Betrages, der für die Nutzung eines kompletten Musikstückes zu zahlen ist, dürfte der Betrag für die Nutzung einzelner Sounds nicht allzu hoch sein. Bedenkt man, welche großen Summen für Popularmusikproduktionen ausgegeben und mit diesen verdient werden, erscheint die Entrichtung eines relativ geringen Entgeltes für die Nutzung von elektronisch erzeugten Einzelsounds anderer Soundersteller nicht dazu geeignet, popmusikalisches Schaffen wesentlich zu beeinträchtigen oder sogar zum Erliegen zu bringen. Zumal die Vervielfältigung musikalischer Werke zum privaten Gebrauch ohnehin nach §53 I UrhG zulässig ist (vgl. S.112), so daß ein Entgelt nur bei öffentlicher Nutzung (die im Rahmen der Popularmusik zumeist auch eine geschäftliche Nutzung sein wird) zu entrichten ist.

[274] So Weßling, S.74.

[275] Kelemen, S.101; Hilgefort, Das Musikinstrument 8/1993, S.4 (5); Pfeiler, Beiträge zur Popularmusikforschung 12, S.36 (43); Enders, Substantielle Auswirkungen, S.265 (269, 291); Harenberg, S.122; Behrendsen/Rüsenberg, Rock Session 2, S.136 (136, 151); Batel/Salbert, S.28f.

[276] Vgl. Behrendsen/Rüsenberg, Rock Session 2, S.136 (151); Ruschkowski, Musik und Gesellschaft 1983, Nr.6, S.346 (346f.).

zur Erstarrung bei der Entwicklung neuer Sounds bei. Mit dem Sampeln oder Nachprogrammieren von Einzelsounds anderer Sounderschaffer kann jeder den Mangel an eigener Kreativität überdecken und spart zudem Zeit und Arbeit ein. Da in der Regel keine Gefahr besteht, wegen der Übernahme von Einzelsounds Forderungen der Sounderschaffer ausgesetzt zu sein, liegt ein Verzicht auf die Erbringung einer eigenen Leistung und die bequeme Übernahme fremder Einzelsounds für viele im Musikbereich tätigen Personen nahe. Erst ein mangelhafter rechtlicher Schutz von elektronisch erzeugten Einzelsounds ermöglicht es, daß sich Einzelsounds, die gerade aktuell sind, in Windeseile ausbreiten und bald zum Standardrepertoire eines jeden Synthesizers gehören. Deshalb ist es nicht unwahrscheinlich, daß die Versagung eines urheberrechtlichen Schutzes für elektronisch erzeugte Einzelsounds nicht die musikalische Entwicklung fördert, sondern eher behindert.[277]

Da somit eine Monopolisierung von elektronisch erzeugten Einzelsounds nicht zur Erstarrung des musikalischen Schaffens führen würde und zudem im Bereich der elektronisch erzeugten Einzelsounds anders als bei anderen Bausteinen des musikalischen Werkschaffens ein sehr großer Gestaltungsspielraum besteht, in dem der individuelle Geist des Sounderschaffers seinen Ausdruck finden kann[278], läßt sich mit der Bausteinfunktion von Einzelsounds die generelle Ablehnung eines urheberrechtlichen Schutzes für elektronisch erzeugte Einzelsounds m.E. nicht überzeugend begründen.

---

[277] Eine Förderung des musikalischen Schaffens durch einen urheberrechtlichen Schutz bestehender Werke in dem Sinne, daß andere nicht uneingeschränkt auf diese zurückgreifen können, sondern selbst kreativ tätig werden müssen, ist natürlich nur dort möglich, wo ein großer Spielraum für ein individuelles Schaffen sehr viele Neuschöpfungen zuläßt.

[278] Vgl. dazu auch Weßling (S.68f.). Er ist der Ansicht, daß einzelnen Bausteinen zwar die Individualität fehlen kann, daß aber auch im Bereich der Bausteine Raum für die Entfaltung eigenpersönlicher Züge bestehen könne, so daß sich auf diesem Wege eine generelle Schutzunfähigkeit einzelner Werkbausteine nicht begründen lasse.

b) Der Einzelsound als „Schaffensendpunkt"

Auch Weßling begründet eine Schutzunfähigkeit von Einzelsounds im Prinzip mit deren Bausteinfunktion. Im Interesse der Allgemeinheit an einem freien Spiel der kreativen Kräfte sollen seiner Ansicht nach die „Schaffenskomponenten" urheberrechtsfrei bleiben. Geschützt seien nur „Schaffensendpunkte". Diese sollen erst dann vorliegen, wenn unabhängig von der Länge des Werkes verschiedene „abstrakte" Gestaltungsmittel zu einem „konkreten" Gefüge „komponiert" worden sind. Nur ein Wirkungsgefüge aus mehreren das Werk gestaltenden Elementen sei ein gewisser „Endpunkt" eines kulturellen Schaffensprozesses, dessen Schutz die kulturfördernden Zwecke des Urheberrechts zu erreichen helfe.[279] Weßling weist dabei darauf hin, daß Werkteile trotzdem geschützt seien, da ein Werkteil auch allein als Werk stehen könnte und nur von seinem Schöpfer mit weiteren Teilen zu einem anderen Ganzen zusammengefügt worden sei. Als Beispiel erwähnt er den Einzelsatz eines mehrsätzigen Musikwerkes.[280] Zwar kann der Einzelsatz eines Musikwerkes als Werkteil durchaus auch allein als Werk stehen, bei ihm handelt es sich in der Regel jedoch bereits um einen größeren Werkteil. Nach überwiegender Ansicht können aber schon kleinste Werkteile geschützt sein.[281] Ob z.B. eine individuelle kurze Melodie auch allein als Werk stehen könnte, mag dahingestellt bleiben. Der Urheber zumindest wird sie in der Regel nicht als „Endpunkt" seines Schaffens sehen, sondern sie noch mit weiteren musikalischen Elementen, z.B. einem Rhythmus und Harmonien verbinden wollen. Gleichwohl stellt die Melodie ein Wirkungsgefüge aus mehreren sie gestaltenden Elementen dar und ist damit nach Weßling ein gewisser „Endpunkt" eines kulturellen Schaffensprozesses. Im Hinblick auf den Einzelsound übersieht Weßling zudem, daß sich auch ein Einzelsound aus mehreren ihn gestaltenden Elementen zusammensetzt. Diese sind etwa

---

279 Weßling, S.69-72, 80.

280 Weßling, S.72.

281 BGHZ 9, S.262 (266-268) - „Lied der Wildbahn I"; BGHZ 28, S.234 (237) - „Verkehrskinderlied", Schricker/Loewenheim, UrhG, §2, Rn.33; Fromm/ Nordemann/Vinck, UrhG, §2, Rn.27; Ulmer, Urheber- und Verlagsrecht, S.134; Hubmann/Rehbinder, S.90.

die Tonhöhe, die Tondauer, die Klangfarbe und der zeitliche Verlauf des Klanges. Außerdem kann ein elektronisch erzeugter Einzelsound aus mehreren einzelnen Soundbestandteilen zusammengesetzt werden. Gestaltet ein Sounderschaffer diese Elemente zu einem Einzelsound, ist es nicht einsichtig, warum anders als bei einer Melodie, bei der nur die Tonhöhe der einzelnen Töne und deren zeitliche Anordnung gestaltet werden können, der Einzelsound kein Wirkungsgefüge aus mehreren ihn gestaltenden Elementen darstellen sollte.

Darüber hinaus ist es m.E. nicht sinnvoll, das Erfordernis des Vorliegens eines „Schaffensendpunktes" in die Prüfung eines Schutzes nach dem UrhG einzuführen, denn durch dieses Merkmal würde weiterer Raum für Wertungen und damit für eine willkürliche Beschränkung des urheberrechtlichen Schutzes geschaffen. Ausschlaggebend für einen urheberrechtlichen Schutz sollte vielmehr das Vorliegen von Individualität sein.

c) Der Einzelsound als Methode des Schaffens

Die Methode des Schaffens, der Stil und die Manier sind im Interesse einer freien künstlerischen Entwicklung niemals urheberrechtlich geschützt.[282] Würde ein Einzelsound zur Methode des musikalischen Werkschaffens gehören, wäre er demnach urheberrechtsfrei.[283]

Unter einer Methode versteht man ein nach Sache und Ziel planmäßiges Verfahren, die Kunstfertigkeit einer Technik zur Lösung praktischer und theoretischer Aufgaben.[284] Der Einzelsound müßte als Methode des Schaffens demnach ein planmäßiges Verfahren oder die Technik zur Lösung einer Aufgabe darstellen. Dies ist

---

[282] BGHZ 5, S.1 (1, 4) - „Hummel-Figuren I"; C. Schramm, S.51; Hubmann/Rehbinder, S.87; Ulmer, Urheber- und Verlagsrecht, S.119; Erdmann, CR 1986, S.249 (253); Fromm/Nordemann/Vinck, UrhG, §2, Rn.25.

[283] Dieser Ansicht sind Wolpert, UFITA 50, S.769 (815); Schricker/Loewenheim, UrhG, §2, Rn.83.

[284] Brockhaus Enzyklopädie, Band 14 (Mag-Mod), S.532.

m.E. nicht der Fall, was sich daraus ergibt, daß die Methode das Verfahren und damit den Weg beschreibt, wie man zu einem bestimmten Schaffensergebnis kommt. Der Einzelsound ist jedoch selbst bereits das Ergebnis eines Schaffensprozesses. Als Methode kann in diesem Zusammenhang z.B. eine bestimmte Vorgehensweise bei der Erschaffung neuer Klänge angesehen werden. Eine solche Vorgehensweise ist urheberrechtsfrei. Der fertige Einzelsound als solcher stellt dagegen kein Verfahren und keine Technik zur Lösung einer Aufgabe dar. Er ist folglich keine Methode des Schaffens und kann deshalb grundsätzlich urheberrechtlich geschützt sein.[285]

d) Kein Schutz wegen der Kurzlebigkeit von Einzelsounds

Spieß ist der Ansicht, ein urheberrechtlicher Schutz von Sounds werde der Schnellebigkeit im Bereich der modernen Popularmusik wegen seiner langen Schutzdauer nicht gerecht. Neue Trends bräuchten neue Sounds. Ein urheberrechtlicher Schutz mit seinen weitreichenden Konsequenzen wäre deshalb nicht geeignet, der tatsächlichen Bedeutung des Sounds im modernen Musikgeschehen Ausdruck zu verleihen.[286]

Tatsächlich ist es so, daß im Bereich der Popularmusik die Musik immer mehr zu einem Gebrauchsgut wird, das sehr schnell an Aktualität verliert. Es kommt kaum einmal vor, daß ein Song länger als zwei bis drei Monate Aufmerksamkeit findet. Immer schneller werden neue Trends kreiert, um das Wirtschaftsgut Musik möglichst gewinnbringend verkaufen zu können. Neue Trends brauchen „neue“ Sounds. Dies ergibt sich nicht zuletzt aus der Bedeutung der elektronisch erzeugten Einzelsounds für die Popularmusik. Schaut man allerdings genau hin, stellt sich oft heraus, daß die neuen Sounds gar nicht so neu sind. Im Bereich der Dance- und

---

[285] Beim Einzelsound handelt es sich auch nicht etwa um einen Stil. Siehe dazu Münker, S.74-78.

[286] Spieß, ZUM 1991, S.524 (530).

Techno-Musik stammen z.B. sehr viele Sounds aus alten analogen elektronischen Musikinstrumenten und sind schon vor zwanzig Jahren in Musikstücken verwendet worden. Insoweit kann man wohl nicht von neuen Einzelsounds sprechen. Vielmehr finden alte Einzelsounds in einem veränderten musikalischen Rahmen Verwendung. Dies verdeutlicht, daß „alte" Einzelsounds Jahre später wieder an Aktualität gewinnen können.[287] Deshalb erscheint auch ein urheberrechtlicher Schutz nicht unbedingt als unangemessen lang.[288]

Darüber hinaus muß ein urheberrechtlicher Schutz, wenn ein Werk i.S.d. UrhG vorliegt, auch dann gewährt werden, wenn er im Einzelfall als zu lang erscheint. Zur Verkürzung der Schutzdauer wäre die Schaffung einer anderen Regelung durch den Gesetzgeber erforderlich.

e) Erweiterung der Aufnahmefähigkeit der Musikhörer

Nach Hüttl ist es wünschenswert, daß neue Klangeffekte zur Verfeinerung der musikalischen Aufnahmefähigkeit den Musikhörern wiederholt vorgeführt werden. Deshalb sollten sie seiner Meinung nach nicht urheberrechtlich geschützt werden.[289]

---

[287] Wie sich die Verwendung „alter" elektronisch erzeugter Sounds entwickeln wird, ist sehr schwer zu beurteilen, da elektronische Musikinstrumente erst seit ca. 30 Jahren in der Popularmusik eingesetzt werden und nicht absehbar ist, wie die Musik in Zukunft klingen wird, ob also z.B. im Jahre 2050 noch oder wieder Sounds des Jahres 1980 Verwendung finden werden. Deshalb weist Riedel (S.147) zurecht darauf hin, daß es sich oft erst lange Zeit nach der Veröffentlichung eines Werkes entscheidet, ob das Werk nur kurze Zeit Bedeutung hat, oder ob es in die Musikgeschichte eingeht und über Jahrzehnte oder Jahrhunderte Interesse findet. Im Zeitpunkt der Veröffentlichung des Werkes ist aus diesem Grunde diesbezüglich nur eine Wertung möglich. Daß eine solche aber oft zu einem falschen Ergebnis führt und deshalb zu vermeiden ist, belegt Riedel anhand von Beispielen von Komponisten, die in ihrer Zeit „verkannt" wurden. Deshalb ist Schwenzer (ZUM 1996, S.584 (590)) darin zuzustimmen, daß Prognosen zunehmender Kurzlebigkeit der Popularmusik als Argument gegen lange Schutzfristen mit Vorsicht zu genießen sind.

[288] Zudem sind Einzelsounds dadurch, daß sie bestimmte Trends kennzeichnen, in der Regel länger aktuell als einzelne Musikstücke der Popularmusik. Bei solchen Musikstücken müßte deshalb das Argument der Schnellebigkeit noch viel eher zu einer Verneinung des urheberrechtlichen Schutzes führen.

[289] Hüttl, S.42.

Im Interesse der Fortentwicklung der Musik ist es immer wünschenswert, daß den Musikhörern neue Werke der Musik wiederholt vorgeführt werden. Allerdings stellt das Urheberrecht grundsätzlich die Interessen der Allgemeinheit an einer freien Werknutzung hinter den Interessen der Urheber an einem Schutz ihrer Werke zurück. Es ist gerade der Sinn des Urheberrechts, die Werke zugunsten ihrer Urheber zu monopolisieren. Dadurch wird den Urhebern die Möglichkeit gesichert, ihre Werke nach ihrem Belieben zu verwenden und auch einen wirtschaftlichen Nutzen aus ihrem Schaffen zu ziehen. Zwar können im Einzelfall die Interessen der Allgemeinheit über denen des Urhebers stehen und dadurch eine Urheberrechtsfreiheit begründen, die Gewöhnung der Musikhörer an neue Klangeffekte erscheint aber nicht als so wichtig, daß sich eine prinzipielle Versagung urheberrechtlichen Schutzes damit begründen ließe. Die Interessen der Erschaffer neuer Klangeffekte würden dadurch unverhältnismäßig beschränkt.

f) Versagung eines Schutzes aus praktischen Erwägungen

Möglicherweise stehen einem urheberrechtlichen Schutz von Einzelsounds jedoch praktische Bedenken entgegen.[290] So hält Klein es zunächst für problematisch, „kreative" und damit individuelle Sounds von den „einfachen", „gängigen", nicht individuellen Sounds zu unterscheiden. Dieses Problem existiert jedoch nicht nur im Bereich der Einzelsounds. Die Bestimmung des erforderlichen Maßes an Gestaltungshöhe und die damit verbundene Abgrenzung schutzfähiger individueller Werke zu sonstigen Schaffensprodukten ist eine zentrale Schwierigkeit des Urheberrechts.[291] Es ist zudem normal, daß Urheber beim eigenen Werkschaffen auf dem Werkschaffen anderer aufbauen, und auch die Unterstützung durch Computer beim Werkschaffen ist kein Problem, das lediglich bei elektronisch erzeugten Sounds

---

290 Klein, Handbuch der Musikwirtschaft, S.575 (582).
291 Vgl. Schricker/Loewenheim, UrhG, §2, Rn.16-19; Jörger, S.41; Münker, S.33.

existiert. Folglich handelt es sich insoweit um generelle urheberrechtliche Probleme, die nicht zu einer Versagung eines urheberrechtlichen Schutzes führen können.

Darüber hinaus hat Klein Bedenken, daß die Hersteller elektronischer Instrumente sich vor der Markteinführung neuer Instrumente die meisten Sounds schützen lassen würden und dadurch übervorteilt wären. Angesichts der unzähligen Soundmöglichkeiten und der oft langwierigen Arbeit, die mit der Erstellung von Einzelsounds verbunden ist, erscheint es als sehr unwahrscheinlich, daß es den Instrumentenherstellern möglich wäre, sich die überwiegende Anzahl der mit einem Instrument erzeugbaren Einzelsounds schützen zu lassen. Zudem kann man davon ausgehen, daß selbst wenn dies der Fall wäre, die Unternehmen den Käufern ihrer Instrumente Nutzungsrechte an den Sounds übertragen würden, da der Erwerb eines Instrumentes, dessen Sounds man nicht benutzen darf, keinen Sinn macht.

Klein ist jedoch darin beizupflichten, daß dadurch, daß es sehr viele elektronisch erzeugte Sounds gibt, die Kontrolle, ob Sounds übernommen worden sind, sehr schwer ist. Ähnlich wie bei Musikstücken wird eine Übernahme von Sounds wohl nur in den Fällen auffallen, in denen besonders populäre Einzelsounds übernommen worden sind. Das Bestehen gewisser praktischer Probleme bei der Durchführung eines urheberrechtlichen Schutzes von Einzelsounds darf jedoch nicht zur Versagung eines Schutzes führen. Ein urheberrechtlicher Schutz hängt nicht von praktischen Erwägungen bezüglich seiner Durchführbarkeit ab, sondern lediglich von der Frage, ob ein Werk im Sinne des UrhG vorliegt. Zudem hat ein Schutz, auch wenn er in der Praxis nur sehr schwer um- und durchsetzbar ist, eine nicht zu unterschätzende psychologische Wirkung für die Betroffenen. Der Erschaffer von Einzelsounds erhält das Gefühl, daß sein Schaffen von der Rechtsgemeinschaft gewürdigt wird, und Personen, die Sounds übernehmen wollen, könnten zumindest teilweise abgeschreckt werden.

Überzeugende Gründe für eine generelle Urheberrechtsfreiheit auch solcher elektronisch erzeugter Einzelsounds, die alle Merkmale des urheberrechtlichen Werkbegriffs erfüllen, bestehen demnach nicht.

6. Werkgattung

Zu klären bleibt, welcher der in §2 I UrhG aufgezählten Werkgattungen elektronisch erzeugte Einzelsounds zuzurechnen sind.

a) Werk der Musik

Naheliegend ist, daß ein elektronisch erzeugter Einzelsound, der die Voraussetzungen des Werkbergriffs erfüllt, ein Werk der Musik iSd. §2 I Nr.2 UrhG darstellt. Dazu muß der elektronisch erzeugte Einzelsound neben den Merkmalen des Werkbegriffs die des Musikbegriffs erfüllen.

Was unter Musik zu verstehen ist, wird nicht einheitlich beurteilt.[292] Im musikwissenschaftlichen Schrifttum finden sich sehr viele Definitionen des Musikbegriffs. Für die Rechtswissenschaft hat sich keine als brauchbar erwiesen, so daß sich die Rechtswissenschaft selbst um eine Bestimmung dieses Begriffes bemühen muß.[293]

Insbesondere im älteren juristischen Schrifttum wurde immer wieder versucht, den Musikbegriff eng auszulegen und dadurch neuen, avantgardistischen Kompositionsformen die Musikeigenschaft abzusprechen.[294] Im Hinblick auf elektronisch erzeugte Einzelsounds ist dabei vor allem die Frage von Bedeutung, ob Musik

---

[292] Siehe dazu Schenk, S.46-67; Schlingloff, S.17-20.
[293] Schenk, S.60; Kummer, S.145; B. Schramm, S.23.
[294] Vgl. Allfeld, S.53; Becker-Bender, S.19; Rauscher auf Weeg, S.69-71; weitere Nachweise bei Hanser-Strecker, S.42 (Fn.2).

immer das Vorliegen von Melodie, Harmonie und Rhythmus voraussetzt. In Anlehnung daran wird vertreten, daß Musik des Ausdrucksmittels der Töne bedarf, die in eine zeitliche Staffelung zueinander gesetzt werden.[295] Eine solche zeitliche Staffelung von Tönen könnte bei Einzelsounds fehlen.[296] In jüngster Zeit mehren sich im juristischen Schrifttum allerdings die Stimmen, die Musik im Anschluß an die weite Definition von Hanser-Strecker[297] als „Gestaltung von akustischen Erscheinungen" verstehen.[298]

Für ein weites Verständnis des Musikbegriffs spricht vor allem, daß auf diese Weise einer musikalischen Entwicklung Raum gelassen wird.[299] Berücksichtigt man die weitgehenden Veränderungen, die die Musik und das musikalische Schaffen in den letzten Jahren erlebt haben, erscheint es als dringend erforderlich, den Begriff der Musik nicht nur an den traditionell vorgegebenen musikalischen Parametern und Formen auszurichten und damit neue musikalische Ausdrucksformen herabzuwerten.[300] Beispielsweise wurde der Melodie früher eine hervorragende Bedeutung im Rahmen des musikalischen Schaffens zugemessen, wie nicht zuletzt aus §24 II UrhG hervorgeht. Diese hat sie heute in der Popularmusik zumindest teilweise verloren.[301] Dafür haben rhythmische Elemente und Fragen der Soundgestaltung eine extreme Aufwertung erfahren. Ein anderes Beispiel stellt die sog.

---

295 Vgl. dazu etwa Gerst, S.15; Baumann, S.28-31; Becker-Bender, S.14f.

296 Vgl. Schenk, S.117; Weissthanner, S.46; Hartmann, UFITA 122, S.57 (80); Schlingloff, S.26f.; Weßling, S.79f.

297 Hanser-Strecker, S.43.

298 Vgl. Weissthanner, S.37; Girth, S.49f., 71f.; Schenk, S.66; Schlingloff, S.19; Schramm, S.25-27; Jörger, S.95; Münker, S.42; Weßling, S.62f. Einen weiten Musikbegriff bevorzugen auch: Möhring/Nicolini, UrhG, §2, Anm.4; Kummer, S.145f.; Riedel, S.146; Schmidt, UFITA 77, S.1 (16-19); Hartmann, UFITA 122, S.57 (57). Im Anschluß an Fellerer, INTERGU-Schriftenreihe, Band 37, S.29 meint Schulze (Kleine Münze, S.202), auch ein einzelner sich weder in der Klangfarbe noch in der Lautstärke ändernde Ton (bzw. ein Geräusch) könne Musik sein, wenn er als Musik präsentiert und als solche empfunden wird. Kritisch zur Definition Hanser-Streckers äußern sich: Pakuscher, UFITA 72, S.107 (119); Movsessian/Seifert, S.87.

299 Hanser-Strecker, S.43; Schlingloff, S.19; Jörger, S.95; Weßling, S.62f.

300 Batel, Zeitschrift für Musikpädagogik 9/1984, S.29 (29) ist der Ansicht, der Einsatz der elektronischen Technik habe zu einem völlig neuen Musikbegriff geführt, der auf einer substantiellen Veränderung aller fundamentalen musikalischen Parameter basiere.

301 So wird z.B. im Rahmen von Techno-Musik oft gänzlich auf Melodien verzichtet, und auch im Rahmen der Hip-Hop Musik werden Melodien weitgehend durch einen Sprechgesang (Rap) ersetzt, der vor allem rhythmisch geprägt ist. Vgl. dazu auch Schneider, GRUR 1986, S.657 (661); Odenwald, Rockmusiker 3/94, S.25 (26).

musique concrète dar, die in vielen Kompositionen ganz ohne Töne im herkömmlichen Sinne auskommt und als Grundlage statt dessen Geräusche verwendet.[302] Anhand dieser Beispiele wird deutlich, daß eine weite Definition des Musikbegriffs vorzugswürdig und erforderlich ist, um auch die musikalischen Parameter und das musikalische Schaffen im Rahmen moderner Musik ausreichend durch den Musikbegriff zu erfassen.[303] Der Begriff der Musik sollte nicht an die traditionellen Elemente wie Melodik, Harmonik und Rhythmik gebunden werden.[304] Die Schutzfähigkeit nach dem UrhG als Werk der Musik könnte sonst zu sehr von der ästhetischen Wertigkeit oder dem individuellen Kunstgeschmack des einzelnen abhängig sein.[305]

Unter Zugrundelegung des weiten Musikbegriffs ist Münker darin zuzustimmen, daß sich musikalische Formgebung nicht nur in einer zeitlichen Staffelung, sondern auch in der Simultanzusammensetzung verschiedener Klangkomponenten zu einer Klangfarbe als einem typischen musikalischen Element finden lasse.[306] Da es sich bei einer solchen Zusammensetzung um eine gestaltete akustische Erscheinung handelt, sind elektronisch erzeugte Einzelsounds Musik.[307]

Darüber hinaus ist es aber auch fraglich, ob es Einzelsounds überhaupt generell an einer zeitlichen Gestaltung, also einer Art rhythmischem Element, fehlt.[308]

---

302 Vgl. dazu Weissthanner, S.8f.; Ruschkowski, Soundscapes, S.88ff.

303 Mit Recht hat Rauscher auf Weeg (Das musikalische Urheberrecht und der Schutz von Werkteilen, S.68) darauf hingewiesen, daß das Urheberrecht die Schaffensweise der in ihrer Zeit Tätigen zu beachten und zu schützen habe und sich nicht an Werkarten der Vergangenheit orientieren dürfe.

304 Schenk, S.67. Zudem kann sich Musik nicht nur der Töne, sondern auch anderer Klänge und Geräusche bedienen.

305 Schenk, S.64, 67; Münker, S.41.

306 Münker, S.82f.; auch Jörger lehnt dieses Erfordernis im Ergebnis ab (S.94f.).

307 Ebenso: Jörger, S.95; Weßling, S.63f.

308 Erstaunlicherweise haben sich gerade eine Reihe von Autoren, die einen weiten Musikbegriff befürworten (Schenk, S.117; Weissthanner, S.46; Hartmann, UFITA 122, 57 (80); Schlingloff, S.26f.; Weßling, S.79f.;) der Ansicht von Kummer (S.141) angeschlossen, ein Rechtsschutz als Werk der Musik setze nicht schon bei simultan, sondern erst bei zeitlich gestaffelt verbundenen Tönen ein. Da aber Individualität nicht generell eine zeitliche Staffelung voraussetzt, läßt sich dieses Erfordernis nur aus dem Musikbegriff ableiten. Verlangt man das Vorliegen einer zeitlichen Anordnung von Tönen, werden m.E. jedoch die auch von diesen Autoren anerkannten Vorzüge eines weiten Musikbegriffes wieder wirkungslos gemacht.

Jeder Klang hat einen charakteristischen zeitlichen Verlauf. Dabei handelt es sich nicht um verschiedene Töne, die in eine zeitliche Staffelung zueinander gesetzt werden, sondern nur um eine Veränderung des Obertonspektrums (Klangfarbe) und der Lautstärke im Laufe der Zeit. Gerade neuere Synthesizer lassen darüber hinaus jedoch auch rhythmische Strukturen bei Einzelsounds im Sinne einer zeitlichen Staffelung einzelner Soundbestandteile zu. Ein Beispiel dafür ist die 1991 von der Firma Korg vorgestellte Wavestation. Dieser Synthesizer ermöglicht es mittels sog. Wavesequenzen, verschiedene Klangwellenformen hintereinander abzuspielen. Die Übergänge zwischen den einzelnen Wellenformen können dabei entweder abrupt erfolgen, wodurch ein deutlicher Rhythmus erzeugt wird, oder sie können weich ineinander übergeblendet werden.[309] In beiden Fällen erklingen die einzelnen Komponenten des Einzelsounds nicht mehr gleichzeitig, sondern nacheinander, so daß eine zeitliche Gestaltung des Einzelsounds möglich ist. Auch mit anderen Synthesizern ist durch die Zurverfügungstellung von rhythmischen Wellenformen zur Klangerzeugung, den Einsatz von integrierten Effektgeräten (z.B. durch einen Delay-Effekt) oder auch mit Hilfe der Hüllkurven und des Low Frequency Oszillators eine zeitliche Gestaltung eines Einzelsounds durchaus möglich.[310] Zudem wird durch eine immer weitere Zunahme der in einem Synthesizer verfügbaren polyphonen Stimmen und damit der für einen Sound verfügbaren Einzelkomponenten die Möglichkeit einer zeitlichen Gestaltung von Einzelsounds immer weiter erhöht.[311] Dies führt zu dem Ergebnis, daß selbst bei Anerkennung des Erfordernisses einer zeitlichen Gestaltung zum Vorliegen von Musik ein Einzelsound ein Werk der Musik sein kann.

---

309 Vgl. Testbericht von Willke, Keyboards 9/1990, S.110 (114f.).

310 Darüber hinaus besteht insbesondere bei Samplern die Möglichkeit einer zeitlichen Gestaltung durch die Programmierung sog. Loops (Schleifen); vgl. dazu Gorges/Merck, S.99-101.

311 Siehe oben, S.50f.

b) Der Einzelsound als Computerprogramm

Elektronisch erzeugte Einzelsounds könnten auch einem Schutz als Computerprogramm gem. §69a UrhG unterliegen.[312] Dies kommt in Betracht, weil Klänge in modernen elektronischen Musikinstrumenten digital erstellt und gespeichert werden können. Mit Aufruf des betreffenden „Klangprogramms“ erhält das elektronische Musikinstrument Anweisungen, welche Werte es für die einzelnen Klangparameter einzustellen hat, so daß der gespeicherte Einzelsound im Gerät spielfertig zur Verfügung steht.

Für einen urheberrechtlichen Schutz müßten solche „Klang-Programme“ Computerprogramme im Sinne des §69a UrhG sein. Nach DIN 44300 ist ein Computerprogramm eine in einer beliebigen Programmiersprache verfaßte vollständige Arbeitsvorschrift zur Lösung einer bestimmten Aufgabe mit allen erforderlichen Vereinbarungen. M.E. ist Jörger darin zuzustimmen, daß Klangdaten diese Anforderungen nicht erfüllen, sondern daß es sich bei der Klangprogrammierung nur um die Ausfüllung des im elektronischen Musikinstrument befindlichen Betriebsprogramms mit bestimmten Werten handelt.[313] Klangdaten stellen deshalb keine Arbeitsvorschrift dar, sondern vielmehr die Aufgabe, die durch die im Betriebsprogramm enthaltenen Arbeitsvorschriften gelöst werden sollen. Klangdaten sind demnach nicht selbst ein Computerprogramm, sondern nur Programmanwendung und damit Gegenstand der Datenverarbeitung.[314] Ein Schutz nach §69a UrhG scheidet deshalb aus.

---

[312] Vgl. dazu, daß ein Werk mehreren Werkkategorien angehören kann, Schricker/Loewenheim, UrhG, §2, Rn.2. Dreier weist in GRUR Int. 1993, S.742 (744) darauf hin, daß sich künftig viele Werke digitalisieren lassen werden, so daß es schwierig sein kann, festzustellen, um welche Werkart es sich im Einzelfall handelt.

[313] Vergleichbar etwa mit einem mit Hilfe von einem Desktop-Publishing-Programm erstellten Dokument oder einem mit Hilfe eines Sequenzer-Programms erstellten Files.

[314] Vgl. Jörger, S.96f.; anders wohl Hodik (Medien und Recht 4/88, S.110 (111)), der einen Schutz von Klangdaten als Computerprogramme für möglich hält.

c) Schutzfähigkeit als sonstiges Werk

Die Aufzählung von Werkgattungen in §2 I UrhG ist nicht abschließend. Dadurch soll sichergestellt sein, daß auch neue Werkarten ohne Gesetzesänderung geschützt sind.[315] Folgt man dem engeren Musikbegriff und sollte zu dem Ergebnis kommen, daß ein individueller Einzelsound wegen des Fehlens einer zeitlichen Gestaltung keine Musik darstellt, besteht deshalb immer noch die Möglichkeit, daß der Einzelsound als sonstiges, nicht im Katalog des §2 I Ziffer 1-7 UrhG aufgezähltes Werk der Kunst geschützt ist.[316] Zwar ist eine generelle Definition des Begriffes Kunst kaum möglich,[317] nach allgemeiner Ansicht ist der Begriff aber weit auszulegen.[318] Der BGH sieht es z.B. als ausreichend an, wenn sich eine formale Gestaltung in einem schöpferischen Akt vollzieht. Erforderlich ist folglich nur das Vorliegen einer irgendwie gearteten schöpferischen Formgestaltung.[319] Eine solche ist bei individuellen elektronisch erzeugten Einzelsounds gegeben, so daß sie Kunstwerke im Sinne der Definition des BGH sind. Wegen der Weite des Kunstbegriffs bestehen auch sonst keine Zweifel daran, daß elektronisch erzeugte Einzelsounds zum Bereich der Kunst gehören.

Verneint man einen Schutz von elektronisch erzeugten Einzelsounds als Werke der Musik, sind sie folglich bei Erfüllung aller Merkmale des Werkbegriffs gleichwohl als sonstige, nicht im Katalog des §2 I UrhG aufgezählte Werke der Kunst geschützt.

---

[315] Begründung des Regierungsentwurfs, BT-Drucksache IV/270 (S.27-116), abgedruckt in UFITA 45, S.240 (251).

[316] Vgl. dazu Jörger, S.97; Schenk, S.45; Hartmann, UFITA 122, S.57 (57); Fromm/Nordemann/Vinck, UrhG, §2, Rn.1; Schricker/Loewenheim, UrhG, §2, Rn.1f.; BGH GRUR 1985, S.529 (529) - „Happening"; Weßling (S.59) ist der Ansicht, es sei unmittelbar einsichtig, daß eine Sound-Hervorbringung nur ein Werk der Musik sein könne und nicht etwa eine neue, in §2 I UrhG ungenannte Werkart bilde. Zwar ist auch m.E. ein Sound Musik, es wird aber auch vertreten, ein Einzelsound sei kein Werk der Musik. In diesem Fall kann ein Schutz als sonstiges Werk nicht generell ausgeschlossen werden.

[317] Eine Darstellung verschiedener Definitionsversuche findet sich bei Samson, S.71-73. Siehe auch die Definitionen bei Schmieder, UFITA 52, S.107 (107); Jöstlein, UFITA 56, S.111 (114f.). Eine Darstellung der Behandlung des Kunstbegriffs in Rechtsprechung des BVerfG findet sich bei Henschel, NJW 1990, S.1937 (1938f.).

[318] Schricker/Loewenheim, UrhG, §2, Rn.2; Loewenheim, GRUR 1987, S.761 (765); v.Gamm, UrhG, §2, Rn.7a; Samson, S.70.

[319] BGH NJW 1990, S.3026 (3027) - „Opus Pistorum".

7. Zusammenfassung

Die von der herrschenden Meinung vorgetragenen Argumente können eine generelle Urheberrechtsfreiheit elektronisch erzeugter Einzelsounds m.E. nicht überzeugend begründen. In Anbetracht des großen Gestaltungsspielraums im Bereich der elektronischen Klangerzeuger sind Einzelsounds vorstellbar, die Individualität aufweisen und auch die anderen Voraussetzungen des Werkbegriffs erfüllen. Elektronisch erzeugte Einzelsounds haben weder eine unselbständige Funktion, noch ist die Klangfarbe nur abstrakter Natur. Obwohl dem elektronisch erzeugten Einzelsound eine Bausteinfunktion im Rahmen musikalischen Schaffens zukommt, besteht wegen der großen Anzahl zur Verfügung stehender elektronisch erzeugter Einzelsounds keine Gefahr einer Hemmung des musikalischen Schaffens durch eine Monopolisierung einzelner Sounds. Zudem gehören elektronisch erzeugte Einzelsounds nicht zur Methode des Schaffens, und ein Schutz muß auch nicht aus praktischen Erwägungen ausscheiden. Die gebotene weite Auslegung des Musikbegriffs führt zudem zu einer Ablehnung des Erfordernisses einer zeitlichen Gestaltung für das Vorliegen musikalischer Individualität. Individuelle elektronisch erzeugte Einzelsounds sind folglich entgegen der herrschenden Meinung nach §2 I Nr.2 UrhG als Werke der Musik urheberrechtlich geschützt. Dies gilt auch beim Einsatz eines Zufallsgenerators, wenn der Urheber das wesentliche Grundmuster des Werkes geschaffen und den Zufall nur planend und bewußt als Gestaltungsmittel bei der endgültigen Ausformung des Werkes eingesetzt hat.

8. Schutzfähigkeit bei der Veränderung bereits bestehender Einzelsounds

Bei der Erschaffung von Einzelsounds kommt es oft vor, daß der Sounderschaffer nicht einen Sound von Grund auf neu gestaltet, sondern bereits vorhandene Einzelsounds nach seinem Geschmack und seinen Bedürfnissen abändert.[320]

[320] Vgl. Gorges/Merck, S.130.

Fraglich ist, inwieweit er für einen solchen Einzelsound ein Urheberrecht erlangen kann.

Nach §3 UrhG kann der Bearbeiter eines Werkes bei Vorliegen einer wesentlichen Bearbeitung ein eigenes Bearbeiterurheberrecht erwerben. Voraussetzung dafür ist, daß die Bearbeitung eine schöpferische Leistung darstellt, durch die den individuellen Zügen des Originalsounds eine neue Individualität aufgeprägt wird. [321] Der veränderte Einzelsound muß demnach sowohl den individuellen Geist des Originalurhebers als auch den des Bearbeiters zum Ausdruck bringen, damit eine Bearbeitung im Sinne des §3 UrhG vorliegt. Da eine Bearbeitung aber immer das Originalwerk in sich enthält, bedingt die Verwertung der Bearbeitung zugleich eine Verwertung des Originalwerks. Sie hängt deshalb von der Zustimmung des Urhebers des Originalwerks ab. Das Bearbeiterurheberrecht ist insoweit vom Urheberrecht am Originalwerk abhängig, §§3, 23 UrhG.[322]

Benutzt ein Sounderschaffer zwar die individuellen Grundzüge des Einzelsounds eines Dritten als Grundlage seines Schaffens, bringt aber selbst so viele eigene Bestandteile in sein Schaffen ein, daß die Individualität des benutzten Einzelsounds in den Hintergrund tritt und hinter der Individualität des neugeschaffenen Einzelsounds verblaßt, sind die Voraussetzungen einer freien Benutzung nach §24 I UrhG gegeben. In diesem Falle erhält der Sounderschaffer urheberrechtlichen Schutz für seinen Einzelsound und darf diesen ohne Zustimmung des Urhebers des benutzten Einzelsounds veröffentlichen und verwerten.[323]

---

[321] Erfolgt die Abänderung eines urheberrechtlich geschützten Originalsounds dagegen nur in einem unwesentlichen Maße, erhält der Bearbeiter kein Bearbeiterurheberrecht nach §3 UrhG.

[322] Vgl. umfassend zur Bearbeitung: Riedel, Originalmusik und Musikbearbeitung; Fellerer, Bearbeitung und Elektronik als musikalisches Problem im Urheberrecht; INTERGU-Schriftenreihe Band 37, S.9 (9-34); Traub, UFITA 80, S.159 (159-171); Hörnig, UFITA 99, S.13 (13-116); Hubmann/Rehbinder, S.108-111.

[323] Siehe zur freien Benutzung: Schlingloff, S.59-104; Reinhart, UFITA 103, S.65 (65-83); Hubmann/Rehbinder, S.180-185.

Legt ein Sounderschaffer seinem Schaffen einen nicht urheberrechtlich geschützten Sound zugrunde, kann er dann ein Urheberrecht erlangen, wenn er diesen so weitgehend verändert, daß er die Voraussetzungen des Werkbegriffs erfüllt, d.h. vor allem die Individualität des Sounderschaffers zum Ausdruck bringt.

III. Rechtsfolgen des urheberrechtlichen Schutzes

1. Rechte des Urhebers

Dem Urheber eines elektronisch erzeugten Einzelsounds stehen die Urheberpersönlichkeitsrechte gem. §§12-14 UrhG, die Verwertungsrechte gem. §§15-24 UrhG und die sonstigen Rechte des Urhebers nach §§25-27 UrhG zu.[324]

Von besonderer Bedeutung sind insoweit die §§14 und 16 UrhG. §14 UrhG schützt den Urheber vor Entstellungen oder Beeinträchtigungen seines Werkes, die geeignet sind, seine berechtigten geistigen oder persönlichen Interessen an seinem Werk zu gefährden.[325] §16 UrhG sichert dem Urheber das alleinige Vervielfältigungsrecht an seinem Werk zu. Dabei ist unter Vervielfältigung jede körperliche Festlegung eines Werkes zu verstehen, die geeignet ist, das Werk menschlichen Sinnen auf irgendeine Weise unmittelbar oder mittelbar wahrnehmbar zu machen.[326] Nach h.M. stellt beim Sampeln bereits das Einspeichern eines Werkes in den Sampler eine Vervielfältigung im Sinne des §16 UrhG dar und ist deshalb grundsätzlich ohne die Genehmigung des Urhebers nicht zulässig.[327] Für das Nachprogrammieren

---

[324] Ausführliche Darstellung bei Hubmann/Rehbinder, S.133-167.

[325] Siehe zu §14 UrhG: Fromm/Nordemann/Hertin, UrhG, §14; Weßling, S.99-107.

[326] Begründung des Regierungsentwurfs, BT-Drucksache IV/270, S.27-116, abgedruckt in UFITA 45, S.240 (305); BGHZ 17, S.266 (270) - „Magnettonband"; Fromm/Nordemann/Vinck, UrhG, §16, Rn.1.

[327] Eine ausführlich Darstellung dieses Problems findet sich bei Bortloff, ZUM 1993, S.476 (476-481); Münker, S.108-127; Schramm, S.64-68; Weßling, S.108-110. Nach h.M. stellt auch die Einspeicherung urheberrechtlich geschützter Werke in eine Datenbank eine Vervielfältigung i.S.d. UrhG dar und bedarf deshalb der Zustimmung des Urhebers, vgl. Ulmer, GRUR 1971, S.297 (300); Nordemann/Hertin, NJW 1971, S.857 (858); Katzenberger, GRUR 1990, S.94 (94f.); Uchtenhagen, UFITA 114, S.19 (33); Maaßen, ZUM 1992, S.338 (344); Münker, S.110-122. Eine Einspeicherung von urheberrechtlich geschützten elektronisch erzeugten Einzelsounds in eine Sound-Datenbank ist folglich nur mit der Zustimmung der Urheber der Sounds zulässig.

eines Einzelsounds mit Hilfe eines Synthesizers und die damit gegebene Einspeicherung des Sounds in den Synthesizer kann nichts anderes gelten. Auch die Kopie eines Datenträgers, auf dem sich der Sound befindet, ist eine körperliche Festlegung der Klangdaten, die mit Hilfe eines Synthesizers als Einzelklang für menschliche Sinne wahrnehmbar gemacht werden kann.[328] Ein individueller elektronisch erzeugter Einzelsound ist somit grundsätzlich sowohl gegen eine etwaige Übernahme durch Sampling, gegen eine Übernahme durch ein Nachprogrammieren, als auch gegen eine Übernahme durch die Kopie eines Datenträgers geschützt. Gegen eine Verletzung seines Urheberrechts durch Dritte kann der Urheber nach Maßgabe der §§97ff. UrhG vorgehen.[329]

2. Beschränkungen des urheberrechtlichen Schutzes

Die Rechtsstellung des Urhebers hat jedoch auch Grenzen. Zustimmungsfrei ist nach §24 I UrhG die oben bereits erwähnte freie Benutzung eines Werkes. Eine solche ist gegeben, wenn die individuellen Züge des benutzten Einzelsounds nur eine Anregung für das eigene Schaffen gebildet haben, die Individualität des benutzten Einzelsounds aber in den Hintergrund tritt und somit gegenüber der Individualität des neugeschaffenen Einzelsounds verblaßt.[330]

Weitere Beschränkungen ergeben sich aus den §§45ff. UrhG. Besonders hervorzuheben ist hier zunächst die Zitierfreiheit gem. §51 Nr.3 UrhG. Diese gestattet die Vervielfältigung, Verbreitung und öffentliche Wiedergabe, wenn in einem durch den Zweck gebotenen Umfang einzelne Stellen eines erschienenen Werkes der

---

[328] Dies wird auch daran deutlich, daß es sich bei der CD ebenfalls um einen digitalen Datenträger handelt, der erst mit Hilfe entsprechender Abspielgeräte zum „Klingen" gebracht werden kann.

[329] Siehe zum zivilrechtlichen und strafrechtlichen Schutz des Urhebers nach dem UrhG: Hubmann/Rehbinder, S.314-325; Schilcher, S.180-195.

[330] Vgl. Hubmann/Rehbinder, S.181; weitere Nachweise bei Fußnote 367.

Musik in einem selbständigen Werk der Musik angeführt werden.[331] Wichtig ist außerdem die freie Vervielfältigung zum privaten Gebrauch gem. §53 I UrhG. Nach §53 I UrhG ist es zulässig, einzelne Vervielfältigungsstücke eines Werkes zum privaten Gebrauch herzustellen.[332] Aus diesem Grunde ist die Einspeicherung eines Einzelsounds in einen Sampler oder einen Synthesizer bzw. die Kopie eines Datenträgers, auf dem sich der Einzelsound befindet, soweit es sich um eine Vervielfältigung zum privaten Gebrauch handelt, ohne Zustimmung des Urhebers des Einzelsounds zulässig.[333]

---

331 Siehe zur Zitierfreiheit in der Musik: Schlingloff, S.105-140; Münker, S.162-173; Hertin, GRUR 1989, S.159 (159-167). Niemals nach §51 Nr.3 UrhG zulässig sein kann allerdings die Übernahme eines kompletten Einzelsounds. Das Zitatrecht umfaßt immer nur „Stellen" und damit kleinere Ausschnitte eines Werkes. Vgl. Schlingloff, S.131.

332 Die Rechtsprechung geht davon aus, daß zum privaten Gebrauch maximal sieben Vervielfältigungsstücke hergestellt werden dürfen, BGH GRUR 1978, S.474 (476) - „Vervielfältigungsstücke". Vgl. zur Vervielfältigung zum eigenen Gebrauch auch Hubmann/Rehbinder, S.168-177.

333 Vgl. Bortloff, ZUM 1993, S.476 (481); Münker, S.126; B. Schramm, S.75; Weßling (S.110f.) ist dagegen zumindest für das Sound-Sampling der Ansicht, es seien keine nach §53 UrhG zulässigen Vervielfältigungsvorgänge denkbar.

C. Leistungsschutzrechte an elektronisch erzeugten Einzelsounds

Das UrhG schützt nicht nur die Werke der Urheber, sondern gem. §§70ff. UrhG auch weitere, mit diesen in Zusammenhang stehende Leistungen. Bei einer Übernahme von elektronisch erzeugten Einzelsounds kommt auch eine Verletzung dieser Leistungsschutzrechte in Betracht.

Im Unterschied zu den Werken der Urheber sind die nach §§70ff. UrhG geschützten Leistungen einem bereits vorhandenen geistigen Gut gewidmet, indem sie dieses entdecken, wiedergeben oder realisieren.[334] Beispielsweise ist der Werkerschaffer bei vielen Werkarten des Urheberrechts darauf angewiesen, daß sich Interpreten finden, die seine schöpferische Leistung zur vollen Entfaltung bringen.[335] Diese Interpreten erbringen zwar keine eigentlich schöpferischen Leistungen, oft sind ihre Leistungen aber von so hohem künstlerischem Rang, daß sie der schöpferischen Leistung des Urhebers ähnlich und damit schutzwürdig und schutzbedürftig sind.[336] Ebenso ist es für den Erfolg eines Werkes in der Regel notwendig, daß sich Tonträgerhersteller des Werkes annehmen und das Werk im Rundfunk oder Fernsehen gesendet wird. Auch die künstlerisch-technischen Leistungen der Tonträgerindustrie und der Sendeanstalten verdienen deshalb Schutz gegen eine Übernahme.[337]

---

[334] Hubmann/Rehbinder, S.285. Dies unterscheidet sie vom Urheberrecht, bei dem sich der individuelle Geist eine Ausdrucksform gibt und so mit dem Geisteswerk einen subjektiv neuen geistigen Gegenstand schafft. Die geschützten Leistungen genießen deshalb auch nicht denselben Schutz, der den Urhebern der in §2 UrhG aufgezählten Werke zukommt; Samson, S.190.

[335] In der Popularmusik ist es allerdings sehr verbreitet, daß der Komponist seine Musikstücke selbst spielt, womit er gleichzeitig Autor und ausübender Künstler ist. Vgl. Andryk, S.18; Jörger, S.35.

[336] Vgl. Fromm/Nordemann/Hertin, UrhG, Vor§70, Rn.1; Movsessian/Seifert, S.216; vgl. auch Begründung des Regierungsentwurfs, BT-Drucksache IV/270, S.27-116, UFITA 45, S.240 (S.303f.).

[337] Vgl. Movsessian/Seifert, S.216.

I. Der Leistungsschutz des ausübenden Künstlers gem. §§73ff. UrhG

Eine Verletzung von Leistungsschutzrechten eines ausübenden Künstlers gem. §§73ff. UrhG durch die Übernahme von elektronisch erzeugten Einzelsounds kommt vor allem dann in Betracht, wenn ein elektronisch erzeugter Einzelsound, der bei der Wiedergabe eines Werkes hervorgebracht worden ist, übernommen worden ist.

Anders als das Urheberrecht knüpft der Leistungsschutz nach §§73ff. UrhG nicht an das kompositorische Schaffen, sondern unmittelbar an die ausübende Tätigkeit eines Künstlers an.[338] Die Besonderheit der vom ausübenden Künstler erbrachten Leistung liegt dabei in ihrer Vergänglichkeit. Ohne eine körperliche Festlegung weist sie kein den Schaffensvorgang überdauerndes „Leistungsergebnis" auf, so daß eine Nachfrage nach Wiederholung der Leistung besteht.[339] Durch die heute gegebenen technischen Festlegungs- und Wiedergabemöglichkeiten entgleitet dem ausübenden Künstler jedoch die Verwendung seiner eigenen Leistung. Die Leistung, die früher bei jeder Wiedergabe des Werkes neu erbracht werden mußte, kann mit Hilfe der Technik unabhängig vom Mitwirken des Künstlers in beliebigen Zusammenhängen wiederholt werden.[340] Die ausübenden Künstler sind dadurch in die Lage gekommen, mit diesen Festlegungen und damit gewissermaßen mit sich selbst konkurrieren zu müssen.[341] Für sie besteht die Gefahr, daß sie durch technische Wiedergaben ihrer Leistungen ersetzt werden. Ein Schutzbedürfnis der ausübenden Künstler ist deshalb vor allem im Hinblick auf die Ersetzbarkeit ihrer Leistungen durch technische Wiedergabeformen gegeben.[342] Den ausübenden

---

338 Weßling, S.140.
339 BGHZ 33, S.20 (27); Schricker/Krüger, UrhG, §73, Rn.8.
340 Hubmann/Rehbinder, S.295; Ulmer, Urheber- und Verlagsrecht, S.16; Weßling, S.141. Vgl. auch Samson, S.196.
341 Straus, GRUR Int. 1985, S.19 (20); Schricker/Krüger, UrhG, Vor§§73ff., Rn.8.
342 Vgl. Schricker/Krüger, UrhG, §73, Rn.9; vgl. auch Hertin, UFITA 81, S.39 (39).

Künstlern sollte insoweit zumindest ein angemessener Lohn für ihre Arbeit zukommen.[343] Um diesen Lohn zu sichern, wird durch die §§73ff UrhG die mit der Werkwiedergabe erbrachte Leistung gegen eine unmittelbare Übernahme mit den Mitteln der Technik rechtlich abgesichert.[344]

Das Bestehen von Leistungsschutzrechten eines ausübenden Künstlers an elektronisch erzeugten Einzelsounds setzt voraus, daß die Schutzvoraussetzungen der §§73ff. UrhG erfüllt sind. Die in §§74ff. UrhG geregelten Schutzrechte kann nur derjenige erlangen, der ausübender Künstler im Sinne des §73 UrhG ist. Nach dieser Vorschrift ist ausübender Künstler, wer ein Werk vorträgt oder aufführt oder bei dem Vortrag oder der Aufführung eines Werkes künstlerisch mitwirkt. Aus dieser Bestimmung des Schutzberechtigten lassen sich mittelbar die sachlichen Voraussetzungen des künstlerischen Leistungsschutzes entnehmen.[345]

1. Vortrag oder Aufführung

Geschützt sind nur solche Leistungen, die sich auf den Vortrag oder die Aufführung eines urheberrechtsfähigen Werkes beziehen.[346] Die Begriffe des Vortrags und der Aufführung sind dabei nach überwiegender Ansicht grundsätzlich im Sinne des §19 I, II UrhG zu verstehen. Anders als bei §19 I, II UrhG soll im Rahmen der §§73ff. UrhG jedoch die Öffentlichkeit der Aufführung nicht erforderlich sein. Deshalb sind auch die Darbietungen von Studiomusikern im Rahmen von Musikproduktionen erfaßt[347], so daß die bei Studioproduktionen erfolgten Einspielungen

---

343 Vgl. BGHZ 33, S.20 (28). Darüber hinaus hat der technische Fortschritt zu einer hohen Arbeitslosigkeit unter den ausübenden Künstlern beigetragen; vgl. Gotzen, GRUR Int. 1980, S.471 (471f.); Straus, GRUR Int. 1985, S.19 (19f.).

344 Begründung des Regierungsentwurfes - BT-Drucksache IV/270, S.27-116, UFITA 45, S.240 (307); Schricker/Krüger, UrhG, Vor§§73ff., Rn.8; Hubmann/ Rehbinder, S.295; Dünnwald, UFITA 52, S. 46 (76).

345 V. Gamm, UrhG, §73, Rn.4.

346 In den §§74ff. UrhG werden Vortrag und Aufführung unter dem Begriff der Darbietung zusammengefaßt.

347 Vgl. Schricker/Krüger, UrhG, §73, Rn.16, Fromm/Nordemann/Hertin, UrhG, §73, Rn.3; Gentz, GRUR 1974, S.328 (330); OLG Koblenz GRUR Int. 1968, S.164 (165) - „Liebeshändel in Chioggia". Nach Flechsig (S.31) wenden sich auch die Studioproduktionen regelmäßig an die Öffentlichkeit, so daß auch die Aufnahme der Werkdarbietung des ausübenden Künstlers auf die Wahrnehmbarmachung des Werkes für die Öffentlichkeit gerichtet ist.

von Musikern zu den Darbietungen im Sinne des §73 UrhG gehören.[348] Darüber hinaus ist die Zugehörigkeit zu einer bestimmten Berufsgruppe oder Funktionsgemeinschaft keine Voraussetzung für den Leistungsschutz. Vielmehr ist auch der geschützt, der nur gelegentlich und nebenbei als Künstler auftritt.[349]

Folglich kommen nur die elektronisch erzeugten Einzelsounds für einen Leistungsschutz des ausübenden Künstlers in Betracht, die dieser in bezug auf ein urheberrechtsfähiges Werk vorgetragen oder aufgeführt hat. Dies ist bereits dann gegeben, wenn ein Einzelsound im Rahmen einer Studioproduktion eingespielt worden ist. Voraussetzung für einen Leistungsschutz ist dagegen nicht, daß der elektronisch erzeugte Einzelsound von einem Musiker oder Sound-Designer hervorgebracht worden ist.

2. „Künstlerische" Leistung

Ausdrücklich vorausgesetzt wird das Merkmal „künstlerisch" nach dem Wortlaut des §73 UrhG nur für den Fall der Mitwirkung an der Werkdarbietung.[350] Daraus wird teilweise geschlossen, das Merkmal „künstlerisch" stelle bei dem unmittelbaren Vortrag oder der Aufführung eines Werkes kein zusätzliches Erfordernis dar.[351] Dagegen spricht, daß bereits dem Begriff des ausübenden Künstlers das Moment des Künstlerischen wesensimmanent ist, so daß auch Vortrag und Aufführung eines Werkes einer künstlerischen Leistung bedürfen.[352] Leistungsschutzrechte des ausübenden Künstlers können somit nur an den elektronisch erzeugten

---

348 A.A. ist von Groeben, S.46ff. Auch Dünnwald meint, Studiomusiker fielen nicht in den Anwendungsbereich des §73 UrhG, will diese Vorschrift aber für nicht öffentlich darbietende Künstler analog anwenden; UFITA 52, S.49 (60-64); UFITA 65, S.99 (106).

349 Dünnwald, UFITA 84, S.1 (2); Dünnwald, UFITA 65, S.99 (108); Flechsig, S.29.

350 Dies soll der Abgrenzung zur rein technischen Mitwirkung dienen, vgl. Begründung des Regierungsentwurfs, BT-Drucksache IV/270, S.27-116, UFITA 45, S.240 (308).

351 Fromm/Nordemann/Hertin, UrhG, §73, Rn.5; Hertin, UFITA 81, S.39 (48f.); Ekrutt, GRUR 1976, S.193 (193).

352 BGH GRUR 1981, S.419 (420) - „Quizmaster"; LG Hamburg GRUR 1976, S.151 (153) - „Rundfunksprecher"; Dünnwald, UFITA 65, S.99 (108); Dünnwald, UFITA 84, S.1 (8); Gentz, GRUR 1974, S.328 (331); Schricker/Krüger, UrhG, §2, Rn.22; Münker, S.182; Weßling, S.145.

Einzelsounds bestehen, die eine künstlerische Leistung darstellen. Wann eine solche künstlerische Leistung vorliegt, wird jedoch unterschiedlich beurteilt.

a) Meinungsstand

Nach dem BGH setzt das Vorliegen einer künstlerischen Darbietung eine Werkinterpretation voraus. Eine solche soll gegeben sein, wenn dem Hörer mit den Ausdrucksmöglichkeiten der Musik ein Sinneseindruck übermittelt wird, der seine Stimmung, sein Empfinden, sein Gefühl oder seine Phantasie anregt. Bei der Umsetzung des Werkes in eine sinnlich faßbare Sphäre muß demnach ein künstlerischer Eigenwert zutage treten. Nicht entscheidend soll hingegen der künstlerische Wert oder die Schutzwürdigkeit des Werkvortrages sein. Auch Werkinterpretationen von geringer künstlerischer Höhe sollen, ähnlich der sogenannten kleinen Münze im Urheberrecht, Schutz genießen können.[353]

Im rechtswissenschaftlichen Schrifttum werden verschiedene Anforderungen an das Vorliegen einer künstlerischen Darbietungsleistung gestellt. Tenschert[354] und Spieß[355] sind der Ansicht, daß die Darbietungsleistung des ausübenden Künstlers nur dann nach den §§73ff. UrhG geschützt ist, wenn sie durch eine individuelle Prägung gekennzeichnet ist. Durch einen Schutz von Sounds, die keine individuelle Prägung aufweisen, würden unerträgliche Monopolisierungen im Bereich der Musik geschaffen.

Andere Autoren stellen geringere Anforderungen an das Vorliegen einer künstlerischen Leistung auf. So verlangt Gentz[356] eine eigentümliche, durch die Persönlichkeit geprägte Leistung, Samson[357] einen künstlerischen Eigenwert und Ulmer[358]

---

[353] Vgl. BGH GRUR 1981, S.419 (420) - „Quizmaster". Bei dieser Entscheidung geht es allerdings nicht um den Schutz einer musikalischen Darbietung, sondern allein um den Vortrag eines Sprachwerkes.
[354] Tenschert, ZUM 1987, S.612 (621).
[355] Spieß, ZUM 1991, S.524 (530).
[356] Gentz, GRUR 1974, 328 (328).
[357] Samson, S.197.
[358] Ulmer, Urheber- und Verlagsrecht, S.524.

und Flechsig[359] eine persönliche Note. Die Leistung des ausübenden Künstlers muß zu ihrer Schutzfähigkeit danach wenigstens ein Minimum an eigenpersönlicher Prägung aufweisen.[360]

Münker ist dagegen der Auffassung, es sei nicht notwendig, daß die geschützte Darbietung eine durch den Künstler geprägte persönliche Eigenart aufweise.[361] Die „künstlerische" Leistung des ausübenden Künstlers liege vielmehr in dem zur Interpretation erforderlichen innerlichen gefühlsmäßigen „Erkennen" des Werkes durch den ausübenden Künstler. Für das Vorliegen einer schutzwürdigen künstlerischen Leistung im Sinne des §73 UrhG sei es deshalb ausreichend, daß der Künstler sich auf interpretatorische Weise der in der Kunst gebräuchlichen oder von ihm neu kreierten Ausdrucksformen bediene.

b) Stellungnahme

Auf Grund der unterschiedlichen Anforderungen, die an das Vorliegen einer künstlerischen Leistung gestellt werden, ist es fraglich, welche elektronisch erzeugten Einzelsounds eine künstlerische und damit schutzfähige Leistung darstellen. Im wesentlichen geht es bei der Frage, wann eine künstlerische Leistung im Sinne der §§73ff. UrhG vorliegt, darum, die schutzwürdigen von den nicht schutzwürdigen Leistungen abzugrenzen. Würde eine solche Grenze fehlen, bestünde die Gefahr einer Ausuferung des Leistungsschutzes.

---

359 Flechsig, S.28.

360 Vgl. Schricker/Krüger, UrhG, §73, Rn.25.

361 Münker, S.187 und 190. Vertreten wird zudem, daß im Begriff künstlerisch kein weiteres, die Qualität der Leistung des ausübenden Künstlers betreffendes Erfordernis zu sehen ist, vgl. Fromm/Nordemann/Hertin, UrhG, §73, Rn.5; v.Gamm, UrhG, §73, Rn.7. Darüber hinaus hat Dünnwald die sog. Formalthese geprägt, nach der es allein darauf ankommt, ob bei der Werkwiedergabe ein „Rollen- oder Identitätswechsel" des Vortragenden gegeben ist. Dünnwald, UFITA 65, S.99 (112f.) und UFITA 84, S.1 (15f.). Diese Formalthese ist allerdings weitgehend auf Ablehnung gestoßen, vgl. Schricker/Krüger, UrhG, §73, Rn.26.

Bei der Begrenzung der Schutzrechte nach §§73ff. UrhG muß beachtet werden, daß sich der ausübende Künstler die Schutzrechte gerade durch seine spezifische Tätigkeit verdient.[362] Diese kann nicht von jedem erbracht werden, sondern setzt besondere Fähigkeiten voraus. Nach der Amtlichen Begründung zu §73 UrhG sind ausübende Künstler die „Musiker, Sänger, Schauspieler, Tänzer und alle anderen Werkinterpreten".[363] Den genannten Künstlern ist es gemeinsam, daß sie sich bei ihren Darbietungen künstlerischer Ausdrucksformen bedienen.[364] Das Charakteristische einer kunstvollen Darbietung liegt dabei in dem geistigen Sich-Hineinbegeben des ausübenden Künstlers in das vom Urheber geschaffene Werk. Der ausübende Künstler versucht die vom Urheber niedergelegte Ausdrucksweise auszulegen und zu verstehen, um bei der Realisation des Werkes dem Vorstellungsbild des Urhebers möglichst nahe zu kommen.[365] Das Besondere, das die Leistung des ausübenden Künstlers kennzeichnet und sie zu etwas „Künstlerischem" und damit Schutzwürdigem macht, ist folglich das Vorliegen einer Werkinterpretation. Damit eine schutzwürdige Werkinterpretation gegeben ist, muß dem Hörer neben der akustischen Wiedergabe von Gedanken oder Informationen mit den Ausdrucksmöglichkeiten der Musik ein Sinneseindruck übermittelt werden, der seine Stimmung, seine Gefühle oder seine Phantasie anregt. Künstlerisch Darbietender ist jeder, der ein Werk in diesem Sinne interpretiert.[366] Auf einen besonderen künstlerischen Wert oder Rang der Interpretationsleistung kommt es hingegen nicht an.[367] Nicht entscheidend ist darüber hinaus die Interpretationsfähigkeit des dargebotenen Werkes, da es für den Leistungsschutz allein

362 Münker, S.185.
363 Begründung des Regierungsentwurfs, BT-Drucksache IV/270, S.27-116, UFITA 45, S.240 (308).
364 BGH GRUR 1981, S.419 (420) - „Quizmaster".
365 Vgl. Hubmann, GRUR 1984, S.620 (625); Münker, S.185.
366 BGH GRUR 1981, S.419 (420) - „Quizmaster"; vgl. auch LG Hamburg GRUR 1976, S.151 (153) - „Rundfunksprecher"; Dünnwald, UFITA 84, S.1 (23).
367 BGH GRUR 1981, S.419 (421) - „Quizmaster"; Schricker/Krüger, UrhG, §73, Rn.23; Möhring/Nicolini, UrhG, §73, Anm.2; Hubmann, GRUR 1984, S.620 (625); Gentz, GRUR 1974, S.328 (329).

auf die Möglichkeit einer Werkinterpretation, nicht aber auf die Natur des dargebotenen Werkes ankommt.[368]

Bei den Anforderungen an das Vorliegen einer geschützten künstlerischen Leistung im Sinne des §73 UrhG muß zudem beachtet werden, daß der ausübende Künstler nur nachschaffend tätig wird. Er schafft gerade keinen subjektiv neuen geistigen Gegenstand, sondern vermittelt einen ihm vorgegebenen dem Publikum. Dem ausübenden Künstler geht es somit in erster Linie um eine Wiedergabe des im Werke zutage tretenden Geistes des Urhebers und nicht um ein gestalterisches Einbringen seines eigenen individuellen Geistes. Er will das darzubietende Werk in der Regel nicht verändern oder weiterentwickeln, sondern eine sinnlich wahrnehmbare Abbildung des in diesem Werke festgelegten individuellen Geistes des Urhebers schaffen.[369] Deshalb erscheint es als zu weitgehend, nur individuelle Leistungen des Künstlers zu schützen. Würde man parallel zum Urheberrecht eine individuelle Prägung zum Vorliegen einer schutzfähigen künstlerischen Leistung verlangen, bestünde zudem die Gefahr, daß die §§73ff. UrhG ausgehöhlt würden. Da es dem ausübenden Künstler im wesentlichen um die Wiedergabe des im Werke zutage tretenden Geistes des Urhebers geht, werden die meisten Darbietungen von ausübenden Künstlern keine ausreichende eigene individuelle Prägung aufweisen. Beschränkt sich der ausübende Künstler aber nicht auf die Wiedergabe des Geistes des Urhebers, sondern nimmt Umgestaltungen oder Veränderungen am Werk vor, erlangt er, wenn diese Änderungen eine individuelle Prägung haben, bereits Schutz durch ein Bearbeiterurheberrecht gem. §3 UrhG.[370] Aus diesen Gründen erscheint es nicht sinnvoll, auch im Bereich der Leistungsschutzsrechte gem. §§73ff. UrhG das Vorliegen einer individuellen Prägung zu verlangen.[371]

---

368 Dünnwald, UFITA 65, S.99 (110); Flechsig, S.30.
369 Hubmann/Rehbinder, S47; Münker, S.189.
370 Vgl. Movsessian/Seifert, S.221.
371 Vgl. dazu auch Münker (S.188-193) mit weiteren Argumenten, die gegen das Erfordernis einer individuellen Prägung im Bereich des Leistungsschutzes sprechen.

Zu klären bleibt, ob die Leistung des ausübenden Künstlers zu einem Schutz nach den §§73ff. UrhG wenigstens ein Minimum an eigenpersönlicher Prägung aufweisen muß[372] oder ob jede Darbietung, die sich mittels der in der Kunst verwendeten Ausdrucksformen und Ausdrucksmittel an die Stimmung, das Gefühl oder die Phantasie des Rezipienten richtet und damit eine Werkinterpretation darstellt, geschützt ist.[373] Münker ist zumindest darin zuzustimmen, daß es inkonsequent erscheint, zunächst auf das Vorliegen eines besonderen künstlerischen Wertes der Darbietungsleistung des Künstlers zu verzichten, dann aber doch gewisse Anforderungen an die Leistungshöhe zu stellen. Allerdings dürften die tatsächlichen Ergebnisse der beiden Ansichten bezüglich der geschützten Leistungen kaum differieren. Das Vorliegen einer Werkinterpretation setzt voraus, daß die Darbietung sich nicht auf die „sachliche" Wiedergabe des Werkes beschränkt, sondern darüber hinaus einen emotionalen Inhalt vermittelt. Diesen emotionalen Anteil der Darbietungsleistung schöpft der Künstler zwangsläufig aus seinen persönlichen Erlebnissen, Erfahrungen, Gedanken und Gefühlen, so daß er durch die Persönlichkeit des Künstlers geprägt ist. Dadurch weist jede Werkinterpretation zumindest auch ein Minimum an eigenpersönlicher Prägung auf.

c) Elektronisch erzeugte Einzelsounds als künstlerische Leistung

Nach der Ansicht von Münker besteht an einem Einzelsound ein Leistungsschutzrecht, wenn der Einzelsound Teil der interpretatorischen Darbietung eines Musikwerkes des ausübenden Künstlers ist. Mit der Programmierung eines elektronisch erzeugten Einzelsounds realisiert der Künstler anhand seiner künstlerischen bzw.

---

372 Vgl. Schricker/Krüger, UrhG, §73, Rn.25; Ulmer, Urheber- und Verlagsrecht; S.524; Flechsig, S.28f.; Weßling, S.146.

373 Vgl. Münker, S.190.

musikalisch-klanglichen Vorstellungen ein musikalisches Ausdrucks- und Interpretationsmittel.[374] Er konkretisiert damit seine klanglichen Gefühlsvorstellungen im Hinblick auf das darzubietende Werk und legt dieses damit aus. In dieser Werkinterpretation liegt eine nach den §§73ff. UrhG schutzwürdige künstlerische Leistung.[375]

Bei der Hörbarmachung von Musikwerken wird darüber hinaus stets zumindest ein Minimum an eigenpersönlicher Prägung durch den Aufführenden wahrnehmbar, so daß die Aufführung von Musikwerken praktisch kaum anders als eine in diesem Sinne künstlerische denkbar ist.[376] Da der durch den Künstler gestaltete Einzelsound gerade bei Werken der Popularmusik ein wesentlicher Bestandteil der Aufführung des Musikwerkes ist, kann er auch nach dieser Ansicht eine künstlerische Leistung darstellen.

Für das Vorliegen einer künstlerischen Leistung ist es allerdings nach beiden Ansichten erforderlich, daß der Künstler eine gewisse Freiheit im Hinblick auf die Auswahl und die Gestaltung des elektronisch erzeugten Einzelsounds hat.[377] Wird der zu verwendende Einzelsound dagegen dem Künstler vorbestimmt, besteht insoweit kein Spielraum für eine Werkinterpretation oder das Einbringen einer

---

[374] Auch Dünnwald (UFITA 65, S.99 (111)) ist der Ansicht, die instrumentale Klangerzeugung sei ein künstlerisches Ausdrucksmittel, so daß bei ihrem Einsatz eine tatsächliche Vermutung für das Vorliegen einer künstlerischen Darbietung spreche.

[375] Vgl. Münker, S.197.

[376] Dünnwald, UFITA 84, S.1 (8); Weßling, S.146; vgl. auch LG Hamburg GRUR 1976, S.151 (153) - „Rundfunksprecher".

[377] M.E. kann nicht nur in der Gestaltung, sondern auch in der Auswahl eines Einzelsounds eine interpretatorische Leistung liegen. Auch mit der Auswahl eines Einzelsounds realisiert der Künstler seine klanglichen Vorstellungen in bezug auf das darzubietende Werk und legt dieses damit aus. Welch große Bedeutung die Auswahl eines Einzelsounds für die Werkinterpretation haben kann, wird etwa deutlich, wenn der Künstler sich dazu entscheidet, eine Geigenstimme einer Sinfonie nicht auf der Geige, sondern, soweit möglich, auf einer elektronischen Gitarre zu spielen. Die Klangfarbe ermöglicht so dem Künstler, dem Hörer neben dem „sachlichen Inhalt" einen persönlich geprägten, emotionalen Inhalt in bezug auf das dargebotene Musikwerk zu übermitteln.

eigenpersönlichen Prägung durch den ausübenden Künstler.[378] Ein Leistungsschutz nach §§73ff. UrhG scheidet in diesem Fall aus.

3. Schutz von Darbietungsteilen

Zwar stellt ein von einem Künstler im Rahmen der Werkdarbietung ausgewählter oder gestalteter elektronisch erzeugter Einzelsound eine künstlerische Leistung dar. Regelmäßig ist der elektronisch erzeugte Einzelsound aber nur ein Teil der Werkdarbietung durch den Künstler. Es stellt sich deshalb die Frage, ob nur die Darbietung in ihrer Gesamtheit oder ob auch einzelne Darbietungsteile durch die §§73ff. UrhG geschützt sind.

Nach dem Wortlaut des §73 UrhG kann Gegenstand einer Darbietung nur ein Werk im Sinne des §2 UrhG sein.[379] Aus dem Bezug des §73 UrhG auf urheberrechtsfähige Werke wird teilweise geschlossen, daß nur solche Darbietungsteile einem Schutz nach den §§73ff. UrhG unterliegen, denen ein schutzfähiges Werk bzw. ein schutzfähiger Werkteil zugrundeliegt. Liegt der Darbietung dagegen nur ein schutzunfähiger Werkpartikel zugrunde, sollen Ansprüche aus den §§73ff. UrhG ausscheiden.[380]

Dem wird erwidert, daß die Leistungsschutzrechte der ausübenden Künstler nicht vom Urheberrecht abgeleitete, sondern originäre Rechte sind. Schutzgegenstand sei deshalb die Darbietung, nicht das dargebotene Werk. Aus diesem Grunde komme

---

[378] Vgl. OLG Hamburg, GRUR 1976, S.708 (709f.) - „Staatstheater". Das OLG stellt fest, daß in dem Einbringen der konkreten klanglichen Erfindungsgabe, die nicht lediglich eine Verwirklichung der Anweisungen des Komponisten darstellt, eine künstlerische Leistung im Sinne des §73 UrhG zu sehen ist.

[379] Dabei ist allein die Schutzfähigkeit des Werkes entscheidend. Unerheblich ist dagegen, ob das Werk tatsächlich geschützt oder etwa gemeinfrei ist, vgl. Fromm/Nordemann/Hertin, UrhG, §73, Rn.2.

[380] Fromm/Nordemann/Hertin, UrhG, §73, Rn.2; Hoeren, GRUR 1989, S.11 (12).

es nicht darauf an, daß gerade der Teil des Werkes, der von dem ausübenden Künstler aufgeführt wird, urheberrechtlich geschützt ist.[381]

Die letztgenannte Meinung geht richtigerweise davon aus, daß das Urheberrecht und die Leistungsschutzrechte der ausübenden Künstler unterschiedliche Schutzgegenstände haben. Während das Urheberrecht das geistige Schaffen schützt, sollen die Leistungsschutzrechte der ausübenden Künstler die interpretatorischen Leistungen dieser Künstler vor einer unmittelbaren Übernahme durch technische Mittel schützen. Ein Urheberrecht wird nur demjenigen zuteil, der durch das Einbringen seiner Individualität einen subjektiv neuen geistigen Gegenstand, das Geisteswerk, schafft. Die Leistungsschutzrechte der ausübenden Künstler werden dagegen für die besondere Leistung der Darbietung einer Werkinterpretation gewährt.[382] Ihr Schutzgegenstand ist somit die Darbietung des ausübenden Künstlers, nicht das dieser Darbietung zugrundeliegende Werk.[383] Die bei ihrer Darbietung erbrachte werkinterpretatorische Leistung der ausübenden Künstler bezieht sich nicht nur auf die individuellen Teile eines Werkes. Vielmehr interpretiert der ausübende Künstler das gesamte Musikwerk, die individuellen wie die nicht individuellen Bestandteile. Dies spricht dafür, daß auch an den Darbietungen nicht urheberrechtlich geschützter Werkpartikel Leistungsschutzrechte des ausübenden Künstlers bestehen können. Auch solche Darbietungen des ausübenden Künstlers, denen kein urheberrechtsschutzfähiger Werkteil zugrunde liegt, die aber gleichwohl eine werkinterpretatorische Leistung beinhalten, verdienen grundsätzlich

---

381 Möhring/Nicolini, UrhG, §73, Anm.2; Schricker/Krüger, UrhG, §73, Rn.12; Münker, S.194.

382 Vgl. Hoffmann, UFITA 12, S.96 (103); Dünnwald, UFITA 52, S.46 (68); Flechsig, S.27.

383 Der wesensmäßige Unterschied zwischen den geschützten „Leistungen" wird auch in der unterschiedlichen Behandlung durch den Gesetzgeber deutlich. Vor allem können die Rechte der ausübenden Künstler auch bei der Wiedergabe gemeinfreier Werke und damit auch dort, wo es keinen urheberrechtlichen Schutz gibt, entstehen, vgl. Straus, GRUR Int. 1985, S.19 (23).

Schutz.[384] Somit erscheint es vorzugswürdig, das Entstehen von Leistungsschutzrechten der ausübenden Künstler nicht davon abhängig zu machen, daß gerade der Werkteil, den der ausübende Künstler darbietet, urheberrechtlich geschützt ist.[385]

Deshalb bestehen allerdings nicht an allen Teilen der Leistungen der ausübenden Künstler Leistungsschutzrechte nach §§73ff. UrhG. Vielmehr ist es notwendig, daß überhaupt eine Darbietung im Sinne des §73 UrhG vorliegt. Betrachtet man den Schutzzweck der §§73ff. UrhG und ordnet dem ausübenden Künstler seine Darbietung umfassend als persönlichkeits- und vermögensrechtliches Rechtsgut zu[386], erscheint es angebracht, daß nicht nur die Darbietung in ihrer Gesamtheit geschützt ist, sondern ebenso wie bei Werk und Werkteil auch Darbietungsteile geschützt sein können. Schutzfähig können dabei nur solche Teile einer Darbietung sein, die bereits selbst alle Merkmale einer künstlerischen Darbietung im Sinne des §73 UrhG aufweisen. So wird sichergestellt, daß der Künstler für alle Teile seiner Darbietung, in denen eine werkinterpretatorische und damit schutzwürdige Leistung zum Ausdruck kommt, einen Schutz nach den §§73ff. UrhG erhält.[387]

Folglich ist für das Bestehen von Leistungsschutzrechten nach §§73ff. UrhG allein erforderlich, daß eine werkinterpretatorische Wiedergabeleistung eines ausübenden Künstlers gegeben ist. Darauf, daß dieser Leistung ein urheberrechtsschutzfähiger Werkpartikel zugrundeliegt oder die Darbietung eine bestimmte Länge aufweist, kommt es dagegen nicht an.[388] Ein Darbietungsteil ist somit geschützt, wenn bereits

---

[384] Sonst würden z.B. Schlagzeuger wegen der weitgehend anerkannten Gemeinfreiheit des Rhythmus kaum einmal Leistungsschutzrechte für ihre Darbietungsleistungen erlangen können. Dadurch würde für Schlagzeuger kein Schutz ihrer Leistung gegen eine unmittelbare technische Übernahme bestehen, so daß ein angemessener Lohn für ihre Darbietungsleistung nicht gewährleistet wäre. Damit würde der Schutzzweck der §§73ff. UrhG unterlaufen.

[385] Erforderlich ist allerdings, daß der Darbietung in ihrer Gesamtheit ein nach §2 UrhG schutzfähiges Werk zugrunde liegt.

[386] Siehe dazu, daß das Leistungsschutzrecht des ausübenden Künstlers sowohl persönlichkeitsrechtliche als auch vermögensrechtliche Interessen schützen soll: Schricker/Krüger, UrhG, Vor§§73ff. UrhG, Rn.12; Hubmann/Rehbinder, S.296; Münker, S.209f. (mit weiteren Nachweisen).

[387] Vgl. Münker, S.195f.

[388] So auch Schorn, GRUR 1989, S.579 (579); Bortloff, ZUM 1993, S.476 (477); Jörger, S.109. Auch Tenschert, ZUM 1987, S.612 (621) und Spieß, ZUM 1991, S.524 (530) verzichten auf Anforderungen an die Länge der Darbietung oder das Zugrundeliegen eines schutzfähigen Werkpartikels.

der betreffende Teil der Wiedergabeleistung den Voraussetzungen des Darbietungsbegriffs genügt. Im Hinblick auf einen elektronisch erzeugten Einzelsound ist diese Voraussetzung erfüllt, wenn der Sound eine kunstvoll-interpretative Einsetzung des Musikinstruments und damit eine werkinterpretatorische Leistung darstellt. Dies ist insbesondere dann der Fall, wenn der Künstler sich Gedanken darüber macht, welchen Einzelsound er verwendet und nicht auf einen vorgefertigten, sog. Presetsound zurückgreift, sondern einen eigenen Einzelsound gestaltet.[389]

Problematisch erscheint insoweit jedoch, daß die Gestaltung des Einzelsounds in der Regel bereits vor der unmittelbaren Live-Aufführung des Musikwerkes stattfindet. Grundsätzlich besteht an Leistungen, die bereits vor dem Vortrag oder der Aufführung des Werkes zeitlich abgeschlossen sind, kein Leistungsschutz nach §§73ff. UrhG. Etwas anderes kann dann gelten, wenn die vor der Darbietung erbrachte Leistung die spätere Darbietungsleistung gestaltend prägt.[390] Gerade im Bereich der Popularmusik prägt der Sound wesentlich die Darbietungsleistung des ausübenden Künstlers. Die Gestaltung des Einzelsounds hat damit einen sehr großen Einfluß auf die Live-Aufführung des Musikwerkes. Somit handelt es sich bei der Soundgestaltung nicht lediglich um eine schutzlose Vorbereitungshandlung, sondern die Gestaltung des Einzelsounds hat einen so großen gestalterischen Einfluß auf die Werkwiedergabe, daß diese Werkwiedergabe auch dem Gestalter des Einzelsounds zuzurechnen ist. Folglich erlangt der Soundgestaltende mit der Werkwiedergabe für seine werkinterpretatorische Leistung der Gestaltung eines Einzelsounds Leistungsschutzrechte nach den §§73ff. UrhG.

---

[389] Jörger (S.109) ist der Ansicht, ein Einzelsound falle nicht unter den Leistungsschutz des ausübenden Künstlers nach §§73ff. UrhG, da die Übernahme eines Einzelsounds regelmäßig auf den Klang des Instrumentes und nicht auf die Darbietung des Künstlers abziele. Dabei verkennt Jörger m.E., daß bereits die Gestaltung eines Einzelsounds ein Teil der Darbietungsleistung des ausübenden Künstlers ist, so daß auch die Übernahme eines solchen Einzelsounds auf die Übernahme der Darbietung des ausübenden Künstlers abzielt.

[390] Dünnwald, UFITA 84, S.1 (6); vgl. auch Dünnwald, UFITA 52, S.49 (70f.); Hertin, UFITA 81, S.39 (45); BGH GRUR 1983, S.22 (24f.) - „Tonmeister". So erlangt beispielsweise auch der Regisseur Leistungsschutz nach den §§73ff. UrhG durch eine der unmittelbaren Werkdarbietung vorangegangene Tätigkeit; vgl. Fromm/Nordemann/Hertin, UrhG, §73, Rn.4.

4. Unmittelbare technische Übernahme der Leistung

Die §§73ff. UrhG greifen nicht bei jeglichem Nachschaffen ein, sondern nur bei der unmittelbaren Übernahme der Leistung des Künstlers durch technische Mittel.[391] Nicht geschützt sind damit elektronisch erzeugte Einzelsounds gegen ein Nachprogrammieren durch einen Dritten.[392] Im Falle des Samplings von Einzelsounds ist dagegen eine unmittelbare technische Übernahme des Einzelsounds zweifellos gegeben.

Fraglich ist, ob eine unmittelbare technische Übernahme auch bei der Kopie eines Datenträgers, auf dem sich der Sound befindet, wie z. B. einer Diskette, Cartridge oder Festplatte vorliegt. Die Kopie eines Datenträgers stellt zwar eine unmittelbare technische Übernahme der auf dem Datenträger gespeicherten Sounddaten dar, allerdings ist die spezifische Tonhöhe, mit der der Einzelsound im Rahmen der Werkdarbietung vom Musiker gespielt wird, nicht auf dem Datenträger gespeichert. Der Datenträger enthält damit nur die Sounddaten, nicht aber eine Live-Aufführung dieser Sounddaten.[393] Damit fehlt es an der Darbietung eines Werkes, so daß ein Schutz nach §§73ff. UrhG ausscheidet.

5. Leistungsschutz und urheberrechtlicher Schutz

Trotz des Vorliegens einer schutzwürdigen künstlerischen Leistung ist ein Leistungsschutzrecht nach den §§73ff. UrhG dann ausgeschlossen, wenn eine schöpferische und eine mitwirkende Leistung untrennbar zusammenfallen. Obwohl Leistungs- und Urheberrechtsschutz unterschiedliche Schutzgegenstände haben,

---

391 Schricker/Krüger, UrhG, Vor §§73, Rn.2; Hubmann/Rehbinder, §6 II 2; v.Gamm, UrhG, §73, Rn.7; Ulmer, Urheber- und Verlagsrecht, S.18.

392 Wegen dieser Freiheit des Nachschaffens ist die Gefahr einer Monopolisierung von Einzelsounds durch einen Leistungsschutz nach §§73ff. UrhG nicht gegeben. Anderer Ansicht ist Spieß, ZUM 1991, S.524 (530).

393 Vergleichbar etwa mit dem Fotokopieren der Partitur eines Werkes, die zwar eine Voraussetzung für die Werkdarbietung ist, nicht aber selbst bereits eine Werkdarbietung darstellt, sondern erst noch der „Umsetzung" durch ausübende Künstler bedarf.

besteht in diesem Fall ausschließlich ein Urheberrechtsschutz.[394] Stellt ein von einem Musiker gestalteter elektronisch erzeugter Einzelsound ein Werk im Sinne des UrhG und damit eine schöpferische Leistung dar, kann der Musiker für die dem Einzelsound innewohnende interpretatorische Leistung keinen zusätzlichen Leistungsschutz nach §§73ff. UrhG erlangen. Etwas anderes kann nur dann gelten, wenn der Musiker bei der Aufführung des Einzelsounds diesen z.B. durch den Einsatz von Controllern in einem solchen Umfang verändert, daß in der Veränderung eine werkinterpretatorische Leistung zu erblicken ist. Im bloßen unveränderten Abrufen des Einzelsounds an der dafür im dargebotenen Musikwerk vorgesehenen Stelle ist dagegen wohl nur eine technische, nicht aber eine werkinterpretatorische Leistung zu erblicken, so daß durch dieses Abrufen kein Leistungsschutz nach §§73ff. UrhG ausgelöst werden kann.[395]

6. Rechtsfolgen

An seiner nach §73 UrhG schutzfähigen Darbietung hat der ausübende Künstler die Verbotsrechte gem. §§74-76 I UrhG, die Vergütungsansprüche nach §§76 II, 77 UrhG und nach §83 UrhG das Recht, eine Entstellung oder sonstige Beeinträchtigung seines Einzelsounds zu verbieten.[396] Eine Vervielfältigung im Sinne des §75 S.2 UrhG stellt nach der h.M. jedes Sampeln einer Darbietung im Sinne des §73

[394] Vgl. BGH GRUR 1984, S.730 (732) - „Filmregisseur"; Fromm/Nordemann/ Hertin, UrhG, §73, Rn.6; Schricker/Krüger, UrhG, §73, Rn.38; wohl auch Dünnwald, UFITA 52, S.49 (66). Kritisch dazu: Schricker, GRUR 1984, S.733 (733f.); siehe auch Krüger, FS für Klaka, S.139 (139-145). Einem Leistungsschutz kommt neben dem umfassenderen Urheberschutz aber ohnehin praktisch kaum Bedeutung zu.

[395] Etwas anderes kann allerdings dann gelten, wenn mit dem Einzelsound eine Tonfolge wiedergegeben wird. Eine interpretatorische Leistung kann dann in der Darbietung der Tonfolge liegen, so daß aufgrund der Darbietung der Tonfolge Leistungsschutzrechte gem. §§73ff. UrhG entstehen können.

[396] Siehe zu diesen Rechten: Ulmer, Urheber- und Verlagsrecht, S.524-530; Hubmann/Rehbinder, S.296-298.

UrhG dar.[397] Durch sinngemäße Anwendung der §§45ff. UrhG über §84 UrhG ergibt sich aber, daß ebenso wie bei urheberrechtlichen Werken Sampling zum eigenen Gebrauch nach §84 i.V.m. §53 UrhG zulässig ist. Darüber hinaus ist Münker darin zuzustimmen, daß entsprechend der freien Benutzung bei Werken nach §24 I UrhG, bei einer Übernahme von Leistungen eines ausübenden Künstlers eine "freie Benutzung" vorliegt, wenn ein übernommener Darbietungsteil derart in seinen künstlerischen Elementen verändert wird, daß ein Bezug zur Vorlage entfällt. Durch die umfassende Veränderung ist es im Ergebnis nicht mehr die Leistung des ausübenden Künstlers, die verwertet wird, so daß ein Schutzbedürfnis nicht mehr besteht.[398]

7. Zusammenfassung

Obwohl ein elektronisch erzeugter Einzelsound regelmäßig nur einen Teil der Darbietung des ausübenden Künstlers darstellt, unterliegt er einem Schutz nach den §§73ff. UrhG, wenn in ihm eine kunstvoll-interpretative Einsetzung des elektronischen Musikinstruments zum Ausdruck kommt. Dies ist insbesondere dann der Fall, wenn der Künstler einen eigenen Einzelsound im Hinblick auf das darzubietende Werk gestaltet. Allerdings wird ein Leistungsschutz nur dann gewährt, wenn aufgrund der Soundgestaltung nicht bereits ein urheberrechtlicher Schutz für den

---

397 Tenschert, ZUM 1987, S.612 (619); Schorn, GRUR 1989, S.579 (579); Spieß, ZUM 1991, S.524 (530). Dabei ist die Legaldefinition des Vervielfältigungsrechts in §16 UrhG zur Ausfüllung des §75 UrhG heranzuziehen; v.Gamm, UrhG, §75, Rn.4. Deshalb stellt ebenso wie beim Sampling von Werken bereits die Einspeicherung eines elektronisch erzeugten Einzelsounds in den Sampler eine Vervielfältigung im Sinne des §75 UrhG dar; Weßling, S.152; Bortloff, ZUM 1993, S.476 (481). Im Anschluß an die Rechtsprechung des OLG Hamburg zum Vervielfältigungsrecht des Tonträgerherstellers (OLG Hamburg ZUM 1991, S.545 (548); OLG Hamburg GRUR Int. 1992, S.390 (390f.) - „Tonträgersampling") ist Münker unter Berufung auf den vermögensrechtlichen Schutzzweck der §§73ff. UrhG der Auffassung, daß ein Eingriff in das Vervielfältigungsrecht des Künstlers vor allem bei der Übernahme einzelner Darbietungsteile zumindest auch eine Beeinträchtigung der wirtschaftlichen Position des Künstlers erfordere. Eine solche sei grundsätzlich gegeben, da durch das Sampling eine sonst erforderliche Leistung des Künstlers für eine Neuproduktion nicht notwendig sei. Deshalb kommt Münker ebenfalls zu dem Ergebnis, daß auch das Sampling von Darbietungsteilen grundsätzlich gegen das Vervielfältigungsrecht des ausübenden Künstlers aus §75 UrhG verstößt, vgl. Münker, S.210 u. S.224. Siehe zu den Besonderheiten beim Sampling aus der Tonspur: Hertin, GRUR 1989, S.578 (579); Spieß, ZUM 1991, S.524 (531); Schramm, S.141-144; Münker, S.216-223.

398 Vgl. dazu umfassend: Münker, S.213-215; vgl. auch Schramm, S.122-125.

geschaffenen Einzelsound besteht. Ein Schutz nach den §§73ff. UrhG greift bei elektronisch erzeugten Einzelsounds zudem nur bei einer unmittelbaren technischen Übernahme mit Hilfe eines Samplers ein. Das Kopieren von Sounddatenträgern fällt dagegen wegen des Fehlens einer auf diesen Datenträgern festgehaltenen Aufführung des Einzelsounds nicht unter die §§73ff. UrhG und ist deshalb ebenso wie das Nachschaffen von elektronisch erzeugten Einzelsounds ohne Zustimmung des ausübenden Künstlers zulässig. Beim Sampeln stellt dagegen bereits die Einspeicherung des Einzelsounds in den Sampler eine Vervielfältigung im Sinne des §75 UrhG dar. Sie ist deshalb, sofern sie nicht zum privaten Gebrauch bestimmt ist (vgl. §84 i.V.m. §53 UrhG), nur mit der Zustimmung des ausübenden Künstlers zulässig.

II. Leistungsschutzrecht des Musiktonmeisters

Der Begriff des Musiktonmeisters wird im juristischen Schrifttum in unterschiedlicher Weise verwandt.[399] Für einen Leistungsschutz kommen insbesondere diejenigen Personen in Betracht, die, ohne Komponist oder ausübender Musiker zu sein, an der Gestaltung akustischer Darbietungen und/oder ihrer Wiedergabe mitwirken. Die besondere Einflußmöglichkeit des Tonmeisters, oftmals auch als Produzent bezeichnet, ergibt sich im Rahmen der Popularmusik dabei vor allem daraus, daß er mit Hilfe des Mischpults und von Effektgeräten großen Einfluß auf den Sound einer Popularmusikproduktion nehmen kann.

Für einen elektronisch erzeugten Einzelsound kann ein Tonmeister zumindest dann Leistungsschutzrechte nach den §§73ff. UrhG erlangen, wenn er diesen selbst gestaltet. In dieser Gestaltung liegt eine schutzwürdige werkinterpretatorische

---

[399] Vgl. zum Begriff des Tonmeisters: Nordemann, GRUR 1980, S.568 (569f.); Schlemm, UFITA 105, S.17 (17f.).

Leistung. Streitig ist jedoch, ob ein Musiktonmeister auch dadurch einen Leistungsschutz nach den §§73ff. UrhG erlangen kann, daß er den Gesamtsound einer Werkdarbietung mit Hilfe von Mischpult und Effektgeräten beeinflußt. Zwar ist es weitestgehend anerkannt, daß die Leistung des Tonmeisters bei der Live-Aufführung oder technischen Festlegung eines Musikwerkes durchaus eine künstlerische sein kann[400], die Rechtsprechung hat aber trotzdem insbesondere im Falle der technischen Festlegung einer Aufführung für eine Sendung oder eine Tonträgerherstellung einen Leistungsschutz für den Tonmeister abgelehnt.[401] Zur Begründung wird darauf verwiesen, daß bei der technischen Festlegung von Musikwerken die Leistung des Tonmeisters regelmäßig erst nach der Aufführung des Werkes stattfinde und deshalb nicht unter die §§73ff. UrhG falle. Zu diesem Ergebnis gelangt der BGH, indem er den Begriff der Aufführung eng auslegt, so daß nur die „unmittelbare, im Moment der Klangerzeugung durch die Instrumente und Stimmen wahrnehmbare Klangdarbietung" eine Aufführung im Sinne des §73 UrhG darstellt. Nicht mehr zur Aufführung soll dagegen die nachträgliche Beeinflussung des vom Interpreten bereits erzeugten Klangbildes mit technischen Mitteln zählen.[402]

In der Literatur ist diese Auffassung großteils auf Ablehnung gestoßen.[403] Der Begriff der Aufführung werde durch die Rechtsprechung zu eng gefaßt. Eine Aufführung erfordere neben einer persönlichen Darbietung ein „zu Gehör bringen" des

---

400 Vgl. OLG Köln GRUR 1984, S.345 (346) - „Tonmeister II"; OLG Hamburg ZUM 1995, S.52 (53); Jörger, S.135-140; Schlemm, UFITA 105, S.17 (22-24); Nordemann, GRUR 1980, S.568 (570f.); Andresen, ZUM 1986, S.335 (336-338); Münker, S.204; Hubmann, GRUR 1984, S.620 (622-626) mit weiteren Nachweisen. Im musikwissenschaftlichen Schrifttum: Sandner, Rockmusik, S.81 (92f.) bezeichnet den Tonmeister in bezug auf die Rockmusik als „Dirigent" und wichtigsten Mann der Aufführung. Vgl. auch Heinemann, Musikmarkt, Heft 77, S.13 (17); Enders, Substantielle Auswirkungen, S.265 (267); Berendt, S.54f.

401 Vgl. BGH GRUR 1983, S.22 (24f.) - „Tonmeister"; OLG Köln GRUR 1984, S.345 (346f.) - „Tonmeister II"; OLG Hamburg ZUM 1995, S.52 (52-57). Die Mitwirkung bei einer Live-Aufführung kann dagegen wohl auch nach der Auffassung der Rechtsprechung einen Leistungsschutz des Tonmeisters nach den §§73ff. UrhG auslösen; vgl. OLG Hamburg GRUR 1976, S.708 (709f.) - „Staatstheater".

402 BGH GRUR 1983, S.22 (24f.) - „Tonmeister".

403 Vgl. Hubmann, GRUR 1984, S.620 (620-626); Schlemm, UFITA 105, S.17 (17-26); Andresen, ZUM 1986, S.335 (338f.); Münker, S.200-205. Für einen Leistungsschutz der Tonmeister sprechen sich zudem Nordemann, GRUR 1980, S.568 (568-572) und Jörger, S.130-142 aus.

dargebotenen Werkes. Die Aufführung sei deshalb nicht bereits mit der bloßen Klangerzeugung durch Musiker und Sänger abgeschlossen, sondern erst mit dem dem Publikum tatsächlich gelieferten Klangergebnis nach der Fertigstellung des Klangbildes. In die Fertigstellung des Klangbildes fließe die Leistung des Tonmeisters mit ein, so daß seine Leistung bei und nicht nach der Aufführung erfolge. Zur Begründung dazu, daß durch den Aufführungsbegriff auch der Übertragungsweg erfaßt wird, wird zudem auf §19 III UrhG verwiesen. §19 III UrhG verdeutliche die Absicht des Gesetzgebers, auch solche Aufführungen durch das Aufführungsrecht zu erfassen, die außerhalb des Raumes, in dem die persönliche Darbietung erfolgt, durch Bildschirm, Lautsprecher oder ähnliche technische Übertragungseinrichtungen öffentlich wahrnehmbar gemacht werden. Dabei liege zwischen der Klangerzeugung und ihrer Wahrnehmbarmachung im Aufnahmeraum mit der Einflußnahme auf das Klangbild durch das Mischpult die Tätigkeit des Tonmeisters. Da erst das Ergebnis dieser Wahrnehmbarmachung durch eine Bandaufnahme fixiert oder dem Publikum in der Sendung übertragen werde, gehöre auch die zuvor erfolgte Leistung des Tonmeisters noch zur Aufführung.[404]

Für die mit elektronischen Instrumenten erzeugte Klangdarbietung besteht m.E. zudem noch eine Besonderheit. Anders als bei akustischen Instrumenten existiert bei elektronischen Musikinstrumenten im Moment der Klangerzeugung noch keine wahrnehmbare Klangdarbietung. Vielmehr ist es erforderlich, die Klänge der elektronischen Musikinstrumente mit Hilfe von Verstärkern und Lautsprechern hörbar zu machen. Dabei wird in der Regel das elektronische Musikinstrument nicht direkt an Verstärker und Lautsprecher, sondern zunächst an ein Mischpult angeschlossen. Dadurch erhält der dieses Mischpult bedienende Tonmeister die Möglichkeit, noch vor der ersten Wahrnehmbarmachung der Klangdarbietung eines elektronischen

---

[404] Hubmann, GRUR 1984, S.620 (620-626). Ihm folgend: Andresen, ZUM 1986, S.335 (339); Münker, S.202f. Wegen der weitgehenden Ablehnung eines Schutzes des Tonmeisters nach den §§73ff. UrhG durch den BGH wurde teilweise ein Tätigwerden des Gesetzgebers gefordert. Dieser hat die Einführung eines speziellen Leistungsschutzrechtes für Musiktonmeister jedoch abgelehnt; vgl. Bericht der Bundesregierung über die Auswirkungen der Urheberrechtsnovelle 1985, Kapitel III: Leistungsschutzrecht für Tonmeister, UFITA 113, S.220-236.

Musikinstruments auf diese mit Hilfe des Mischpults und verschiedener Effektgeräte Einfluß zu nehmen. Der Tonmeister legt bei elektronischen Musikinstrumenten somit nicht nur den Klang der technischen Fixierung fest, sondern kann auch auf den wahrnehmbaren Klang des Instruments Einfluß nehmen. Er beeinflußt damit nicht lediglich nachträglich ein bereits bestehendes Klangbild, sondern kann maßgeblichen Einfluß auf die wahrnehmbare Ausgestaltung dieses Klangbildes nehmen. Da aber die Aufführung eines Musikwerkes nicht ohne eine wahrnehmbare Klangdarbietung denkbar ist, erfolgt in diesem Falle zumindest ein Teil der Leistung des Tonmeisters bei der Aufführung und nicht erst bei der Aufnahme des Musikwerkes. Dies spricht dafür, bei der rein elektronischen Klangrealisation dem Tonmeister auch dann einen Schutz nach den §§73ff. UrhG für seine Leistung zuzuerkennen, wenn er einen elektronisch erzeugten Einzelsound mit Hilfe von Mischpult und Effektgeräten so weitgehend verändert hat, daß in dieser Veränderung eine werkinterpretatorische Leistung zu sehen ist.[405]

III. Das Leistungsschutzrecht des Tonträgerherstellers

Die Notwendigkeit eines Leistungsschutzes für Tonträgerhersteller ergibt sich aus der hochqualifizierten organisatorischen, technischen und wirtschaftlichen Leistung, die die Herstellung eines zum Vertrieb geeigneten Tonträgers erforderlich macht. Diese Leistung ist in hohem Maße der Gefahr ausgesetzt, daß Dritte sie mit Hilfe technischer Mittel durch eine Überspielung oder ein Nachpressen des Tonträgers übernehmen und so die Leistung des Tonträgerherstellers ausgebeutet

[405] Nach dem OLG Hamburg (ZUM 1995, S.52 (57)) liegt eine werkinterpretatorische Mitwirkung des Tonmeisters dann vor, wenn sein Wirken nicht hinweggedacht werden kann, ohne daß sich der Charakter der Aufführung ändert.

wird.[406] Dem Tonträgerhersteller wird deshalb gem. §§85, 86 UrhG ein besonderer Schutz für seine Leistung zuerkannt.[407]

Die Übernahme eines elektronisch erzeugten Einzelsounds könnte den Tonträgerhersteller in dem ihm durch §85 I UrhG gewährten ausschließlichen Recht auf Vervielfältigung und Verbreitung seines Tonträgers verletzen. Unzweifelhaft verletzt ist das Leistungsschutzrecht des Tonträgerherstellers bei der unmittelbaren technischen Übernahme des gesamten Tonträgers und einer Verbreitung oder Vervielfältigung dieser Übernahme. Streitig ist dagegen, ob auch die Übernahme kleiner Ausschnitte des Tonträgers, z.B. eines Einzelsounds und die Verwendung dieser Ausschnitte in einer neuen Musikproduktion unter den Schutzbereich des §85 UrhG fallen.

1. Schutzumfang des §85 UrhG

Zweck des §85 UrhG ist der Schutz der organisatorischen, technischen und wirtschaftlichen Leistung des Tonträgerherstellers gegen ein unbefugtes Nachpressen oder Überspielen des Tonträgers durch Dritte.[408] Aus diesem Schutzzweck schließt v. Gamm, §85 UrhG sei ein Leistungsschutzrecht auf wettbewerbsrechtlicher Grundlage und kein Immaterialgüterrecht.[409] Im Anschluß an v. Gamm ist Hoeren der Auffassung, Schutzgegenstand des §85 UrhG sei allein der Tonträger als solcher und nicht etwa das auf ihm fixierte immaterielle Gut (Tonfolgen etc.).[410]

406 Vgl. Begründung des Regierungsentwurfs, BT-Drucksache IV/270, S.27-116, UFITA 45, S.240 (314); Schricker/Vogel, UrhG, §85, Rn.6; v.Gamm, UrhG, §85, Rn.1.

407 Ein Überblick über die Entstehungsgeschichte des Leistungsschutzrechts des Tonträgerherstellers findet sich bei: Schricker/Vogel, UrhG, §85, Rn.4f.; Münker, S.227f.

408 Begründung des Regierungsentwurfs, BT-Drucksache IV/270, S.27-116, UFITA 45 , S.240 (314); v.Gamm, UrhG, §85, Rn.1; Schricker/Vogel, UrhG, §85, Rn.6; Hoeren, GRUR 1989, S.580 (580); Schulze, ZUM 1994, S.15 (20).

409 V.Gamm, UrhG, §85, Rn.1 und 5.

410 Ebenso: Dünnwald, UFITA 76, S.165 (167). Der Ansicht, §85 UrhG schütze nicht den körperlichen Tonträger als materielles Gut, sondern die auf ihm fixierte Tonaufzeichnung als immaterielles Schutzgut, ist vor allem Schorn, GRUR 1978, S.230 (232) und GRUR 1982, S.644 (644). Auch Schricker/Vogel (§85, Rn.13) ist der Ansicht, §85 UrhG schütze mit der verkörperten besonderen Herstellerleistung ein immaterielles Gut. Eine umfassende Übersicht über die zum Schutzgut des §85 UrhG vertretenen Ansichten findet sich bei Münker, S.232-236 und Schramm, S.129-133.

Von §85 UrhG werde deshalb lediglich das unbefugte Nachpressen oder Überspielen des kompletten Tonträgers erfaßt. Der Tonträgerhersteller solle nur gegen unerlaubte Raubkopien seiner Tonträger als solcher vorgehen können, nicht aber gegen die Übernahme kurzer Teile des Tonträgers. Die Verfolgung von „Sound-Piraterie“ beispielsweise soll deshalb alleinige Angelegenheit des Musikkomponisten sein.[411]

Dieser Ansicht wird entgegengehalten, unabhängig davon, ob §85 I UrhG ein materielles oder ein immaterielles Gut schütze, berühre auch die Vervielfältigung kleinster Einzelbestandteile einer Tonträgerproduktion die organisatorische, technische und wirtschaftliche Leistung des Herstellers schon deswegen, weil auch dieses Einzelbestandteil seine materielle Fixierung z.B. auf CD oder Kassette den organisatorischen, technischen und wirtschaftlichen Bemühungen des Tonträgerherstellers verdanke. Somit handele es sich auch beim Soundsampling um eine Art der Tonträgerpiraterie.[412] Dabei soll es gleichgültig sein, was Gegenstand der Übernahme ist, da das Schutzrecht des Tonträgerherstellers unabhängig von der Frage bestehe, ob ein Werk im Sinne von §2 UrhG übernommen worden sei oder nicht.[413] Nach dieser Ansicht sind deshalb selbst kurze Soundelemente vom Leistungsschutzrecht des Tonträgerherstellers erfaßt und damit gegen eine widerrechtliche Verbreitung oder Vervielfältigung geschützt.[414] Dies verdient m.E. Zustimmung. Ebenso wie sich die werkinterpretatorische Leistung des ausübenden Künstlers regelmäßig nicht nur auf das dargebotene Musikwerk in seiner Gesamtheit, sondern auch auf einzelne Darbietungsteile bezieht, manifestiert sich die organisatorische, wirtschaftliche und technische Leistung des Tonträgerherstellers nicht nur in dem Tonträger in seiner Gesamtheit, sondern auch in einzelnen Teilen dieses

---

411 Hoeren, GRUR 1989, S.580 (581). Ebenso: Bortloff, ZUM 1993, S.476 (478).

412 Vgl. Spieß, ZUM 1991, S.520 (534); Klein, Handbuch der Musikwirtschaft, S.575 (583).

413 V. Gamm, UrhG, §85, Rn.4; Weissthanner, S.47; Schramm, S.127; Hertin, GRUR 1989, S.578 (578).

414 Für einen Schutz des Tonträgerherstellers gegen die Entnahme kleinster Tonelemente nach §85 UrhG sprechen sich zudem Weissthanner, S.47; Schorn, GRUR 1989, S.579 (579); Hertin, GRUR 1991, S.722 (730); Schulze, ZUM 1994, (20); Klein, Handbuch der Musikwirtschaft, S.575 (583); Jörger, S.110; Andryk, S.85 und Weßling, S.160 aus.

Tonträgers. Dies wird für Tonträger der Popularmusik vor allem daran deutlich, daß sie in der Regel nicht nur ein Musikstück, sondern mehrere verschiedene Musikstücke enthalten.[415] Oft werden nur ein oder zwei dieser Musikstücke ein Hit und verhelfen der Musikgruppe zu Bekanntheit und zu einem großen Absatz ihres Tonträgers. Werden diese Hits aus dem Tonträger entnommen und z.B. zusammen mit anderen bekannten Liedern der Musikgruppe auf einem „Best of"-Tonträger oder mit den Hits anderer Interpreten auf einem anderen Tonträger veröffentlicht, kann das zu erheblichen finanziellen Beeinträchtigungen des Herstellers des Original-Tonträgers führen. Diesem würde somit die Möglichkeit genommen, ein angemessenes Entgelt für seine Leistung zu erlangen, mit dem er die im Rahmen der Tonträgerproduktion von ihm erbrachten finanziellen und organisatorischen Vorleistungen und die Produktion neuer Tonträger finanzieren kann. Um die Leistung des Tonträgerherstellers in angemessenem Maße zu schützen, erscheint es notwendig, den Tonträgerhersteller ebenso wie den Urheber und den ausübenden Künstler generell an jeglichem finanziellen Gewinn aus seiner Herstellungsleistung zu beteiligen.[416] Damit dem Tonträgerhersteller aber seine regelmäßig mit hohem Aufwand geschaffene Verwertungs- und Vervielfältigungsmöglichkeit nicht durch Dritte entzogen werden kann, ist es erforderlich, daß auch einzelne Teile des Tonträgers vom Leistungsschutzrecht umfaßt sind. Ein Schutzrecht, das nur den Tonträger in seiner Gesamtheit erfaßt, ist zum Schutz der Leistung des Tonträgerherstellers nicht ausreichend und kann deshalb den Gesetzeszweck des §85 UrhG nicht erfüllen.

Andererseits ist es fraglich, ob es aus diesem Grunde erforderlich ist, daß der Tonträgerhersteller auch gegen die Übernahme kleinster Bestandteile des Tonträgers geschützt wird. Das OLG Hamburg hat insoweit ausgeführt, daß der Leistungsschutz des Tonträgerherstellers nur eingreifen könne, wenn durch die Übernahme

---

[415] Eine Ausnahme kann eine Single-CD/Schallplatte bilden.
[416] Vgl. Münker, S.245.

von Bestandteilen des Tonträgers eine meßbare Beeinträchtigung der durch das Gesetz geschützten wirtschaftlich-materiellen Position des Tonträgerherstellers vorliege. Bei einer Übernahme sehr kleiner Bestandteile der Klangwiedergabe soll eine solche Beeinträchtigung regelmäßig nicht gegeben sein, so daß ein Schutz des Tonträgerherstellers in diesem Bereich nicht mehr vom Gesetzeszweck gedeckt ist.[417]

Dem wird erwidert, daß der Leistungsschutz des Tonträgerherstellers unabhängig davon bestehe, ob wertvolles oder nicht wertvolles Tonmaterial aufgenommen werde. Nicht entscheidend sei auch die Höhe der Aufnahmekosten sowie die Länge der Aufnahme.[418] Zudem sichere §85 UrhG als wettbewerbsrechtlicher Sondertatbestand einen besonderen technischen Aufwand rechtlich stärker ab als das UWG, so daß eine nachweisbare wirtschaftliche Beeinträchtigung des Rechtsinhabers nicht erforderlich sei.[419] Deshalb soll auch bei der Übernahme kleinster Bestandteile eines Tonträgers ein Eingriff in das Leistungschutzrecht des Tonträgerherstellers gegeben sein.

M.E. ist es richtig, den Leistungsschutz des Tonträgerherstellers nicht von der Wertigkeit des aufgenommenen Tonmaterials, der Höhe der Aufnahmekosten oder der Länge der Aufnahme abhängig zu machen. Trotzdem erscheint es auch nicht notwendig, dem Tonträgerhersteller ein Leistungsschutzrecht zuzugestehen, wenn seine wirtschaftlich-materielle Leistung, die nach dem Gesetzeszweck geschützt werden soll, nicht beeinträchtigt wird. Zwar findet sich im Gesetz keine ausdrücklich geregelte Untergrenze für den Schutz des Tonträgerherstellers, eine solche läßt sich aber aus dem Gesetzeszweck entnehmen. Eines Schutzes bedarf die besondere wirtschaftliche, organisatorische und technische Leistung des Tonträgerherstellers

---

417 OLG Hamburg ZUM 1991, S.545 (548); OLG Hamburg GRUR Int. 1992, S.390 (391) - „Tonträgersampling".
418 Schulze, ZUM 1994, S. (20); Hertin, GRUR 1989, S.578 (578) und GRUR 1991, S.722 (730); Schorn, GRUR 1989, S.579 (580).
419 Hertin, GRUR 1991, S.722 (730f.).

nur dann, wenn sie durch eine technische Übernahme auch beeinträchtigt wird. In der Regel nimmt mit der Kürze der aus einem Tonträger übernommenen Bestandteile eine Beeinträchtigung des Tonträgerherstellers in seiner wirtschaftlich-materiellen Position ab, bzw. fehlt ganz. Im Interesse einer freien musikalischen Entwicklung sollte die unmittelbare technische Übernahme kürzester musikalischer Sequenzen aus einem Tonträger, die weder gegen die Rechte des Urhebers und ausübenden Künstlers verstößt, noch den Tonträgerhersteller wirtschaftlich schädigt, auch nicht nach §85 I UrhG zustimmungspflichtig sein. Würde der Tonträgerhersteller generell gegen die Übernahme kürzester Teilstücke vorgehen können, erhielte er weitergehende Schutzrechte als die Urheber der musikalischen Werke. Zwar hat das Leistungsschutzrecht des Tonträgerherstellers mit dem Schutz der wirtschaftlichen Leistung des Tonträgerherstellers eine gänzlich andere Schutzrichtung als das Urheberrecht, muß aber selbst der Urheber im Interesse einer freien Entfaltung und Fortentwicklung des musikalischen Schaffens trotz möglicher finanzieller Einbußen eine Beschränkung seines Urheberrechts zugunsten der Allgemeinheit hinnehmen, ist dies dem Tonträgerhersteller erst recht für den Fall zumutbar, daß eine Beeinträchtigung seiner durch das Gesetz geschützten wirtschaftlich-materiellen Position nicht vorliegt.[420] Es wäre somit nicht interessengerecht,

---

[420] Diese Auffassung wird auch der Behandlung der Übernahme kurzer Bestandteile aus Tonträgern durch die Tonträgerhersteller in der Praxis gerecht. Trotz der überwältigenden Zunahme des Einsatzes von Samplern und Samples gibt es kaum einmal einen Fall, in dem sich ein Tonträgerhersteller gegen die Übernahme kürzester Bestandteile aus einem von ihm hergestellten Tonträger gerichtlich wehrt. Dies liegt sicherlich einerseits daran, daß mittlerweile so viele Künstler Samples verwenden, daß ein Tonträgerhersteller, der sich gegen das Sampling zur Wehr setzt, seinerseits mit Klagen wegen der von seinen Künstlern verwendeten Samples durch andere Tonträgerhersteller zu rechnen hätte. Größeres Gewicht dürfte aber haben, daß sich ein Tonträgerhersteller durch die Übernahme kürzester Sequenzen regelmäßig nicht in seiner wirtschaftlichen Position beeinträchtigt fühlt. Die Übernahme dieser Sequenzen hat regelmäßig keine Auswirkungen auf den Verkauf oder die Zweitauswertung zur öffentlichen Wiedergabe des Original-Tonträgers. Deshalb bleiben die Mehrzahl der Fälle des Samplings kurzer Sequenzen unbekannt und werden vom Tonträgerhersteller nicht beachtet. Zumal, wie bereits erwähnt, i.d.R. auch auf den von ihm durchgeführten Tonträgerproduktionen Samples zum Einsatz kommen. Deshalb dürfte eine Zulässigkeit des Sampling beim Fehlen einer wirtschaftlichen Beeinträchtigung des betroffenen Tonträgerherstellers nach §85 I UrhG auch den Interessen der Tonträgerhersteller entgegenkommen. Vgl. dazu auch Weßling, S.161-163. Er ist der Ansicht, daß Tonträgerhersteller, selbst wenn sie gegen die Übernahme kurzer Bestandteile von Tonträgern aus §85 I UrhG vorgehen könnten, dies in der Praxis nicht tun würden. Dieser Meinung ist auch Spieß, ZUM 1991, S.524 (534).

Tonträgerhersteller generell gegen die Übernahme kurzer Bestandteile ihrer Leistung zu schützen.[421]

Gegen die Übernahme einzelner elektronisch erzeugter Sounds, die regelmäßig nur einen kurzen Bestandteil eines Tonträgers darstellen, werden somit in der Regel nur Urheber oder ausübende Künstler vorgehen können, soweit diesen Rechte zustehen. Wegen der großen Bedeutung von Einzelsounds im Rahmen der Popularmusik kann eine wirtschaftliche Beeinträchtigung des Tonträgerherstellers durch die Übernahme von Einzelsounds jedoch nicht generell ausgeschlossen werden. Es ist durchaus vorstellbar, daß in speziellen Einzelfällen bereits die Übernahme und Weiterverwendung von Einzelsounds in neuen Tonträgerproduktionen zu einer Minderung des Absatzes des Originaltonträgers führt. Einer dieser Fälle ist z.B. dann gegeben, wenn Einzelsounds aus speziellen Sound-Tonträgern, z.B. Sampling-CDs übernommen werden. Auf diesen Tonträgern befinden sich regelmäßig nur einzelne Sounds und keine kompletten Musikstücke. Werden aus solchen Tonträgern die am besten gelungenen Sounds übernommen und wiederum auf einem Sound-Tonträger veröffentlicht, ist eine Beeinträchtigung der wirtschaftlichen Position des Original-Tonträgerherstellers sehr wahrscheinlich. In einem solchen Fall muß deshalb auch der Tonträgerhersteller gegen die Übernahme von Einzelsounds vorgehen können.

---

[421] Ob eine Beeinträchtigung des Tonträgerherstellers in seiner wirtschaftlichen Position vorliegt, hat dabei nichts mit der Wertigkeit des aufgenommenen Tonmaterials oder den Produktionskosten des Tonträgers zu tun. Entscheidend ist allein, ob durch eine Übernahme von Teilen des Tonträgers der Absatz des Originaltonträgers sinkt und damit die Einnahmen des Tonträgerherstellers gemindert werden. Dabei kann es sich sowohl um eine „minderwertige, billige", als auch eine „hochwertige, teure" Produktion handeln. Auch die Länge des übernommenen Bestandteils kann nur einen Anhaltspunkt für das Fehlen einer wirtschaftlichen Beeinträchtigung bieten. In der Regel wird mit der Kürze des übernommenen Bestandteils eine eigenständige Verwertungsmöglichkeit dieses Bestanteils, die den Absatz des Originaltonträgers gefährden könnte, immer unwahrscheinlicher.

2. Unmittelbare technische Übernahme der Leistung

Auch eine Verletzung des Leistungsschutzrechts des Tonträgerherstellers setzt eine unmittelbare technische Übernahme der geschützten Leistung voraus.[422] Während eine solche Übernahme im Falle des Soundsamplings gegeben ist, ist es beim Kopieren einer Diskette, Festplatte oder Cartridge, auf der sich die Klangdaten eines Einzelsounds befinden, fraglich, ob diese Datenträger in den Schutzbereich des §85 I UrhG fallen. Zwar stellt das Kopieren eines solchen Datenträgers auf einen anderen unzweifelhaft eine unmittelbare technische Übernahme dar, zu einem Eingreifen des §85 I UrhG müßte es sich bei den genannten Datenträgern aber darüber hinaus um Tonträger im Sinne des §85 I UrhG handeln.

Ein Tonträger ist nach §16 II UrhG eine Vorrichtung zur wiederholbaren Wiedergabe von Tonfolgen.[423] Im Rahmen des §85 UrhG ist es dabei anerkannt, daß der Schutzbereich der Vorschrift nicht nur Darbietungen von Tonfolgen, sondern jede beliebige Aufnahme umfaßt.[424] Tonträger im Sinne des §85 UrhG sind somit z.B. auch Geräusch-, Naturlaute- oder aber Sound-CDs. Zudem stellt die digitale Speicherung der Sounddaten bei einer Diskette, Sound-Cartridge oder Festplatte kein Hindernis dar, da auch auf unproblematisch als Tonträger anerkannten CDs oder DAT-Kassetten die Klangdaten digital gespeichert sind.[425] Anders als bei CD, Schallplatte oder Tonband fehlt es bei der Speicherung von Klangdaten auf einer Diskette, Festplatte oder Cartridge jedoch an der Festlegung einer vorbestimmten Tonhöhe der Klangwiedergabe auf dem Datenträger. Diese hängt von der auf dem jeweiligen Synthesizer angeschlagenen Taste ab. Allerdings

---

422 Ein Nachschaffen ist dagegen zulässig. Vgl. Schricker/Vogel, UrhG, §85, Rn.6; Gentz, UFITA 34, S.9 (17).

423 Daß der Begriff des Tonträgers weit aufzufassen ist, ergibt sich auch aus der Definition von Dünnwald (UFITA 76, S.165 (167)), der unter einem Tonträger jedes Erzeugnis, auf dem durch ein beliebiges technisches Verfahren Töne festgehalten sind, die auf dem Wege über ein Wiedergabegerät mehr als einmal akustisch wahrnehmbar gemacht werden können, versteht. Dabei soll es auf Material und Form des Trägers ebensowenig wie auf Art und Weise der Speicherung und Wahrnehmbarmachung ankommen.

424 Vgl. Begründung des Regierungsentwurfs, BT-Drucksache IV/270, S.27-116, UFITA 45, S.240 (314); Fromm/Nordemann/Hertin, UrhG, §85, Rn.2; Schricker/Vogel, UrhG, §85, Rn.13; Ulmer, Urheber- und Verlagsrecht, S.534.

425 Deshalb werden auch Disketten mit MIDI-File Songs für Sequenzer als Tonträger angesehen. Vgl. Andryk, S.36.

läßt sich auch bei Schallplatten, CDs und Tonbändern mit Hilfe der Abspielgeschwindigkeit die Tonhöhe der Klangwiedergabe verändern.[426] Deshalb ist es m.E. für das Vorliegen eines Tonträgers im Sinne des §85 UrhG ausreichend, daß eine Fixierung eines Klangereignisses vorliegt, die die Möglichkeit einer identischen Wiederholung dieses Klangereignisses in einer größeren Anzahl von Fällen schafft.[427] Daß diese Wiederholung bei jedem Abspielvorgang identisch ist, ist dagegen nicht erforderlich. Durch Anweisungen an den Spieler, welche Taste er zu drücken hat, ist die Möglichkeit der identischen Klangwiedergabe auch bei Sound-Datenträgern für Synthesizer gegeben. Folglich handelt es sich auch bei solchen Sound-Datenträgern um Tonträger im Sinne des §85 UrhG.[428] Daß zur Wiedergabe der Sound-Daten ein Synthesizer erforderlich ist, steht dem nicht entgegen, denn auch zur Wiedergabe anderer Tonträger sind jeweils besondere technische Geräte notwendig.

Ebenso wie bei den sonstigen Tonträgern umfaßt ein Schutz nach §85 I UrhG auch die Übernahme kleinster Bestandteile eines Sound-Datenträgers nur dann, wenn der Hersteller des Datenträgers durch diese Übernahme meßbar in seiner wirtschaftlichen Position beeinträchtigt wird. Beim Anfertigen einer Kopie eines kompletten einzelnen Sounds und einer Vervielfältigung dieser Kopie wird in der Regel eine Beeinträchtigung des Absatzes des Original-Datenträgers gegeben sein. Damit wird der Datenträgerhersteller in seiner wirtschaftlichen Position beeinträchtigt, so daß ein Schutz nach §85 I UrhG gegeben ist.

---

[426] Darüber hinaus ist je nach Güte und Klang der verwendeten Abspielgeräte die Qualität der Wiedergabe des Tonträgers sehr verschieden.

[427] Vgl. auch Schricker/Loewenheim, UrhG, §16, Rn.12.

[428] Jörger (S.100) weist zudem richtigerweise darauf hin, daß Sound-Datenträger genauso leicht kopierbar sind wie Sound-CDs, so daß bei den Herstellern dieser Sound-Datenträger dasselbe Schutzbedürfnis wie bei den sonstigen Tonträgerherstellern besteht.

3. Vervielfältigung

Sowohl die Einspeicherung eines nach §85 I UrhG geschützten Teils eines Tonträgers in den Sampler als auch die Kopie eines nach §85 I UrhG geschützten Datenträgers in den internen Speicher des Synthesizers stellen eine Vervielfältigung der geschützten Leistung des Tonträgerherstellers dar. Sie bedürfen deshalb ebenso wie die Verwendung der übernommenen Tonträgerbestandteile in einer neuen Tonträgerproduktion grundsätzlich der Zustimmung des betroffenen Tonträgerherstellers. Etwas anderes kann dann gelten, wenn der übernommene Bestandteil des Tonträgers in einem so großen Ausmaß verändert wird, daß durch den Einsatz in einer neuen Tonträgerproduktion der Hersteller des Original-Tonträgers nicht in seiner wirtschaftlichen Position beeinträchtigt wird.[429] Zudem ergeben sich aus den §§45ff. UrhG, die gem. §85 III UrhG sinngemäß auf das Leistungsschutzrecht des Tonträgerherstellers anwendbar sind, Schranken des Leistungsschutzrechts des Tonträgerherstellers. So bedarf vor allem eine Übernahme von Bestandteilen eines Tonträgers zum privaten Gebrauch keiner Zustimmung des Tonträgerherstellers, §85 III i.V.m. §53 II UrhG.

4. Zusammenfassung

Das Leistungsschutzrecht des Tonträgerherstellers aus §85 I UrhG greift nicht erst bei einer Übernahme des kompletten Tonträgers ein, sondern kann bereits durch die Übernahme einzelner Teile eines Tonträgers verletzt werden. Dabei erscheint es jedoch angebracht, den Schutz durch §85 I UrhG nicht zu weit auszudehnen, sondern nur dann zu gewähren, wenn der Tonträgerhersteller durch die Übernahme von Teilen des Tonträgers meßbar in seiner wirtschaftlichen Position beeinträchtigt

---

[429] Vgl. Münker, S.256f.

wird. Bei der Übernahme von elektronisch erzeugten Einzelsounds aus einem längeren Musikstück und der Vervielfältigung dieser Einzelsounds ist eine solche Beeinträchtigung des Tonträgerherstellers in der Regel nicht gegeben. Etwas anderes gilt bei der Übernahme von Einzelsounds aus einem speziellen Sound-Tonträger. In diesem Fall erscheint eine wirtschaftliche Beeinträchtigung des Tonträgerherstellers wahrscheinlich. Zu den Tonträgern im Sinne des §85 I UrhG sind dabei auch Sound-Datenträger, wie Disketten, Festplatten und Cartridges zu zählen. Grundsätzlich ist bereits die Einspeicherung in den Sampler oder Synthesizer eine Vervielfältigung, die nur mit der Zustimmung des Tonträgerherstellers zulässig ist, es sei denn, sie erfolgt ausschließlich zum privaten Gebrauch, §85 I i.V.m. §53 II UrhG.

D. Wettbewerbsrechtlicher Schutz elektronisch erzeugter Einzelsounds

An elektronisch erzeugten Einzelsounds könnte schließlich ein wettbewerbsrechtlicher Schutz nach §1 UWG bestehen. Nach dieser Vorschrift kann jeder, der im geschäftlichen Verkehre zu Zwecken des Wettbewerbs Handlungen vornimmt, die gegen die guten Sitten verstoßen, auf Unterlassung und Schadensersatz in Anspruch genommen werden. Ein Schutz elektronisch erzeugter Einzelsounds nach §1 UWG kann jedoch überhaupt nur dann gegeben sein, wenn §1 UWG neben den Regelungen des UrhG anwendbar ist.

Einer Anwendbarkeit des §1 UWG neben den Regelungen des UrhG könnte insbesondere der Grundsatz der Nachahmungsfreiheit außerhalb der sondergesetzlichen Tatbestände entgegenstehen. Vor allem die Rechtsprechung betont immer wieder, daß der Verkehr über die Tatbestände der gesetzlichen Schutzrechte hinaus im Interesse des wirtschaftlichen, technischen und kulturellen Fortschritts frei sein soll. Etwas anderes könne nur dann gelten, wenn besondere Umstände hinzuträten, die die Unlauterkeit aus der Sicht des Wettbewerbsrechts begründeten.[430] Ein ergänzender Schutz über §1 UWG darf sich zudem zu den bestehenden sondergesetzlichen Regelungen nicht in Widerspruch setzen.[431] Eine Ergänzung eines

---

[430] RGZ 73, S.294 (297); BGHZ 5, S.1 (10) - Hummel Figuren I"; BGHZ 44, S.288 (296) - „Apfel-Madonna"; BGH GRUR 1958, S.402 (404) - „Lili Marleen"; BGH GRUR 1983, S.377 (378) - „Brombeer-Muster"; BGH GRUR 1986, S.895 (896) - „Notenstichbilder"; OLG Frankfurt GRUR 1983, S.757 (758) - „Donkey Kong Junior"; OLG Köln GRUR 1992, S.388 (388) - „Prince"; vgl. auch Meister, S.90; Schricker/Schricker, UrhG, Einl., Rn.39; Nordemann, Wettbewerbsrecht, S.194 u. 197; Emmerich, S.160; Heker, ZUM 1995, S.97 (101). Dies soll selbst für die Benutzung von mit großer Mühe und Kosten errungenen Arbeitsergebnissen anderer gelten, BGHZ 18, S.175 (182) - „Praktischer Ratgeber"; BGHZ 44, S.289 (301) - „Apfel-Madonna". Anderer Ansicht ist Hubmann, GRUR 1975, S.230 (238f.). Die These, daß die Sondergesetze des Urheberrechts und des gewerblichen Rechtsschutzes eine abschließende Regelung darstellten und daher die die Sittenwidrigkeit begründenden Merkmale außerhalb des Tatbestands der Sondergesetze liegen müßten, sei zu ersetzen durch den Gedanken, daß die Generalklausel des §1 UWG Lücken, die die Sondergesetze gelassen haben, schließen müsse und daher der eigenartigen überdurchschnittlichen Leistung einen Schutz gewähre. Auch Fezer (Gewerblicher Rechtsschutz, S.939 (962)) ist der Auffassung, der originäre Leistungsschutz sei eine eigenständige und legitime Aufgabe des Wettbewerbsrechts. Vgl. zu den beiden sich gegenüber stehenden Positionen auch Traub, FS für Quack, S.119 (119-121).

[431] Nach Reimer, FS für Wendel, S.98 (102) hat der Schutz nach §1 UWG die sondergesetzlichen Grenzen zu beachten. Dabei sei zu unterscheiden, ob es sich um echte Grenzen der gesetzlichen Regelung oder vielmehr nur darum handele, daß eine gesetzliche Regelung unterlassen wurde, weil für sie die Zeit noch nicht reif und das UrhG auch nicht der richtige Rahmen war. So hat die Rechtsprechung zu §1 UWG häufig die Funktion eines Vorreiters übernommen, bis der Gesetzgeber die gegenüber dem nachahmenden Wettbewerb als schutzwürdig erkannte Leistung als neues Schutzobjekt aufgreift und dafür spezielle Gesetzesbestimmungen normiert, vgl. Schmieder, UFITA 80, S.127 (127) unter Hinweis auf die Leistungsschutzrechte der ausübenden Künstler und Tonträgerhersteller. Auch Traub (GRUR

Sonderrechtsschutzes durch das UWG kommt somit nur dann in Betracht, wenn der Sonderschutz nicht eine gewollt abschließende Regelung darstellt.[432]

Mit dem UrhG besteht ein Sondergesetz für den Schutz von Musikwerken und den im Zusammenhang mit diesen Werken erbrachten Leistungen der ausübenden Künstler und Tonträgerhersteller.[433] Nach diesem Sondergesetz unterliegen nach richtiger Auffassung elektronisch erzeugte Einzelsounds, die Individualität aufweisen, einem urheberrechtlichen Schutz, elektronisch erzeugte Einzelsounds, die eine werkinterpretatorische Leistung darstellen, sind nach den §§73ff. UrhG geschützt, und bei Vorliegen einer wirtschaftlichen Beeinträchtigung besteht ein Schutz für den Hersteller eines Tonträgers gegen die Übernahme von elektronisch erzeugten Einzelsounds aus seinem Tonträger nach §85 I UrhG. Wegen des Bestehens dieses sondergesetzlichen Schutzes ist es fraglich, ob daneben ein ergänzender Schutz von elektronisch erzeugten Einzelsounds nach §1 UWG möglich ist.

I. Anwendbarkeit des UWG bei Bestehen eines Schutzes nach dem UrhG

Dafür, daß beim Vorliegen besonderer Umstände, die das Verhalten eines Nachahmers als wettbewerbswidrig erscheinen lassen, trotz der Zuerkennung eines Sonderrechtsschutzes nach dem UrhG ein ergänzender wettbewerbsrechtlicher Schutz nicht grundsätzlich ausgeschlossen ist, spricht der unterschiedliche Schutzgegenstand des UrhG und des UWG. Während das UrhG künstlerische Arbeitsergebnisse und die in Zusammenhang mit diesen erbrachten besonderen Leistungen als solche schützt, hat das UWG die Art und Weise, in der eine fremde Arbeitsleistung von

---

1973, S.186 (189)) ist der Auffassung, daß ein bestehender Sonderrechtsschutz einen ergänzenden Schutz nach §1 UWG nur dann ausschließen kann, wenn der Sonderrechtsschutz den typischen Leistungsgehalt der zu schützenden wettbewerblichen Leistung erfaßt.

432 Vgl. Baumbach-Hefermehl, §1 UWG, Rn.580; Hubmann/Rehbinder, S.76; Nordemann, Wettbewerbsrecht, S.32; Schulte-Beckhausen, S.13.

433 Bei elektronisch erzeugten Einzelsounds handelt es sich demnach nicht um innovative Neuerungen, die durch bestehende Sonderregelungen nicht angemessen erfaßt werden, so daß ein besonderes Bedürfnis für einen wettbewerblichen Nachahmungsschutz durch §1 UWG bestünde. Vgl. zum Innovationsschutz nach §1 UWG: Beater, S.392-408.

einem Mitwettbewerber ausgebeutet wird, zum Gegenstand.[434] Da sich der wettbewerbsrechtliche Schutz zu dem Inhalt sondergesetzlichen Schutzes aber nicht in Widerspruch setzen darf, darf ein Schutz über §1 UWG nicht zu einer Verlängerung der sondergesetzlichen Schutzfristen führen und hat auch die weiteren sondergesetzlichen Wertungen zu beachten, so daß z.B. die freie Benutzung eines urheberrechtlichen Werkes nach §24 I UrhG auch nicht gegen §1 UWG verstößt.[435] Werden diese sondergesetzlichen Wertungen beachtet, ist kein Grund ersichtlich, aus dem ein wettbewerbsrechtlicher Schutz über §1 UWG abzulehnen wäre, wenn eine Unlauterkeit der Nachahmung gegeben ist. Da das Urheberrecht durch die §§97ff. UrhG umfangreiche Rechte zur Abwehr von Beeinträchtigungen der nach dem UrhG geschützten Leistungen zur Verfügung stellt, kommt einem wettbewerbsrechtlichen Schutz nach §1 UWG lediglich eine subsidiäre Auffangfunktion zu.[436]

II. Anwendbarkeit des UWG bei Nichtbestehen eines Schutzes nach dem UrhG

Fraglich ist, ob auch bei einem fehlenden Schutz nach dem UrhG ein ergänzender Schutz über §1 UWG möglich ist, so daß beispielsweise der Erschaffer eines nicht individuellen Einzelsounds einen wettbewerbsrechtlichen Schutz nach §1 UWG erlangen kann oder die durch das UrhG nur gegen eine unmittelbare technische Übernahme ihrer Leistungen geschützten ausübenden Künstler und Tonträgerhersteller gegen ein Nachschaffen ihrer Leistung nach §1 UWG vorgehen können.

---

[434] BGHZ 5, S.1 (10) - „Hummel-Figuren I"; BGHZ 44, S.288 (297) - „Apfel-Madonna"; Reimer, FS für Wendel, S.98 (100); Quiring, WRP 1985, S.684 (686); Nirk, GRUR 1993, S.247 (249); Windisch ,GRUR 1980, S.587 (589); Heker, ZUM 1995, S.97 (100).

[435] Vgl. BGH GRUR 1986, S454 (456) - „Bob Dylan"; Baumbach/Hefermehl, UWG, §1, Rn.575f.; Reimer, FS für Wendel, S.98 (100).

[436] Vgl. Schorn, GRUR 1989, S.579 (579); Spieß, ZUM 1991, S.524 (532); Heker, ZUM 1995, S.97 (101); Lehmann-Schmidtke, S.26. Schricker (UrhG, Einl., Rn.38) ist insoweit der Ansicht, daß es bei der Verletzung von Urheberrechten in erster Linie Sache des Rechtsinhabers sei, nach den Bestimmungen des UrhG gegen die Verletzung vorzugehen. Wenn er dies tue, sei es in der Praxis i.d.R. unbedeutend, ob die Urheberrechtsverletzung zugleich unlauterer Wettbewerb sei.

1. Der Grundsatz der Nachahmungsfreiheit

Wie bereits erwähnt, soll außerhalb der sondergesetzlichen Bestimmungen der Grundsatz der Nachahmungsfreiheit gelten. Elektronisch erzeugte Einzelsounds, an denen kein Schutz nach dem UrhG besteht, sollten deshalb grundsätzlich auch nicht durch §1 UWG gegen Nachahmungen geschützt werden. Etwas anderes kann sich nach h.M. jedoch dann ergeben, wenn besondere Umstände vorliegen, die eine Nachahmung aus wettbewerbsrechtlicher Sicht unlauter erscheinen lassen.[437] Im Ergebnis wird auf diesem Wege teilweise doch ein sehr weitreichender ergänzender wettbewerbsrechtlicher Schutz über §1 UWG gewährt.[438] Dadurch könnte allerdings der Grundsatz der Nachahmungsfreiheit zu weit eingeschränkt werden.

Der Grundsatz der Nachahmungsfreiheit beruht auf einer Abwägung der Interessen von Schutzrechtsinhabern, Konkurrenten und der Allgemeinheit.[439] Für eine Nachahmungsfreiheit spricht zunächst, daß jeder bei seinem Schaffen nicht nur auf eigene, sondern auch auf Errungenschaften und Erkenntnissen der Vorgänger in der Vergangenheit aufbaut.[440] Jedes Unternehmen ist letztlich darauf angewiesen, neben dem selbst Neugeschaffenen auch Besseres vom Konkurrenten zu übernehmen. Zwar kann ein Unternehmen durch eine Nachahmung der eigenen Produkte durch die Konkurrenz getroffen werden, es kann dafür aber in gleicher Weise von fremden Neuerungen profitieren.[441] Nur wenn der Unternehmer auch auf Leistungen der Mitbewerber zurückgreifen kann, ermöglicht dies eine Verbreitung

---

437 BGHZ 5, S.1 (10) - „Hummel-Figuren I"; BGHZ 44, S.288 (296) - „Apfel-Madonna"; BGH GRUR 1986, S.454 (456) - „Bob Dylan"; Baumbach/Hefermehl, UWG, §1, Rn.575.

438 Vgl. Kur, GRUR 1990, S.1 (1); Fezer, Gewerblicher Rechtsschutz, S.939 (960) ist deshalb der Ansicht, die Besondere-Umstände-Formel sei weithin zu einer Leerformel herabgesunken.

439 Kur, GRUR 1990, S.1 (2). Keines der Sonderschutzgesetze enthält eine Vorschrift, die ausdrücklich bestimmt, daß außerhalb des jeweiligen Sonderschutzes die Nachahmungen fremder Leistungen und Arbeitsergebnisse in jedem Fall frei sein soll, vgl. Schulte-Beckhausen, S.14f.

440 BGHZ 44, S.288 (301) - „Apfel-Madonna"; Baumbach/Hefermehl, UWG, §1, Rn.495; Nordemann, Wettbewerbsrecht, S.193. Siehe zum Grundsatz der Nachahmungsfreiheit auch Schulte-Beckhausen, S.16-20; Schulze, ZUM 1989, S.53 (59).

441 Beater, S.356. Zudem wird darauf verwiesen, jeder Innovator habe einen natürlichen Vorsprung, da Nachahmer mit ihrer Kopie erst beginnen könnten, wenn der Innovator seine Leistung der Öffentlichkeit zugänglich mache. Bis die Nachahmungen auf dem Markt seien, könne der Innovator den ihm gebührenden Gewinn leicht erzielen. Dies trifft allerdings in der Praxis wegen der immer ausgereifteren Kopier- und Vervielfältigungstechniken häufig nicht mehr zu, vgl. Quiring, WRP 1985, S.684 (686f.) und Schulze, ZUM 1989, S.53 (55), jeweils mit weiteren Nachweisen.

neuer Produkte, einen Preiswettbewerb und Weiterentwicklungen durch den Nachahmer.[442] Dagegen führen Nachahmungsverbote immer zu einer Einschränkung der wettbewerblichen Freiheit der anderen Wettbewerber. Sie engen die Möglichkeiten der Konkurrenten ein und können diesen damit zumindest den Zugang zum Wettbewerb erschweren. Die grundsätzliche Skepsis gegenüber Nachahmungsverboten ergibt sich somit daraus, daß durch Verbote und Monopolstellungen eine Konkurrenz unmöglich gemacht wird. Dabei ist allerdings zu beachten, daß Nachahmungsfreiheit und Nachahmungsverbot stets untrennbar miteinander verbunden sind und nur in ihrem Zusammenwirken einen florierenden Wettbewerb gewährleisten können. Nachahmungsschutz kann Innovationen fördern und Konkurrenten zu eigenen Innovationen anhalten, wogegen Nachahmungsfreiheit für Preiskonkurrenz und eine hohe Verbreitung von Neuerungen sorgen kann. Sowohl eine völlige Nachahmungsfreiheit, als auch ein völliges Nachahmungsverbot können Innovationsanreize nehmen, so daß zwischen beiden das richtige Mittelmaß gefunden werden muß.[443] Wie weit der Grundsatz der Nachahmungsfreiheit zu ziehen ist, damit die Interessen der Beteiligten in angemessener Weise berücksichtigt werden, ist deshalb sehr umstritten. Insbesondere für Leistungen, die einen erheblichen Aufwand an Zeit, Kosten und Mühe erfordern, trotzdem aber die Schwelle eines vollen patent-, urheber- oder musterrechtlichen Schutzes nicht überwinden, soll ein ergänzender Schutz über §1 UWG möglich sein. Dies ergebe sich daraus, daß es zwischen den eindeutig in den Bereich der Sonderrechtsgebiete fallenden Verletzungshandlungen und den normalen, wettbewerbsimmanenten Handlungen eine „Grauzone" gebe, innerhalb derer die Nachahmung einer fremden, wenn auch ungeschützten Leistung im allgemeinen Konsens als etwas Unrechtes angesehen werde.[444] So erscheint es beispielsweise fraglich, ob es notwendig ist, daß der

---

442 Beater, S.367 u. S.386.
443 Beater, S.354f.; vgl. auch Nordemann, Wettbewerbsrecht, S.193; Kur, GRUR 1990, S.1 (5); Fezer, Gewerblicher Rechtsschutz, S.939 (941).
444 Vgl. Kur, GRUR 1990, S.1 (2); Fritze, GRUR 1982, S.520ff.; Hubmann, GRUR 1975, S.230 (230).

Grundsatz der Nachahmungsfreiheit auch ein identisches Nachschaffen der Leistungen anderer umfaßt, wenn dem Nachahmer ausreichend andere Gestaltungsmöglichkeiten zur Verfügung stehen, so daß er ohne Schwierigkeiten einen gewissen Abstand zur nachgeschaffenen Leistung einhalten könnte.[445] Da im Bereich der elektronisch erzeugten Einzelsounds ein großer Gestaltungsspielraum zur Verfügung steht, könnte demnach zumindest ein identisches Nachschaffen von Einzelsounds generell unlauter sein.

Dem Bestreben, den wettbewerbsrechtlichen Leistungsschutz gem. §1 UWG auszudehnen, wird jedoch mit dem Argument begegnet, es werde dabei zu sehr von ethischen Kriterien ausgegangen und Nachahmen - bewußt oder unbewußt - noch immer zumindest als unfaires Trittbrettfahren angesehen.[446] Dadurch würde das Wettbewerbsrecht Gefahr laufen, den Wettbewerber als solchen und vor Konkurrenz an sich zu schützen. Dies könne nicht die Aufgabe eines marktwirtschaftlichen Wettbewerbsrechtes sein. Deshalb sollten nicht ethische Kriterien, sondern die Marktfolgen für die rechtliche Beurteilung von Nachahmungen entscheidend sein. Um die gewerblichen Freiheiten nicht zu stark zu beschneiden, sollen Verbote auf verschiedenem Niveau gegen Nachahmung sichern, wobei stets das Nachahmungsverbot vorzugswürdig sei, das zu geringeren Eingriffen führe.[447]

Die aufgezeigten Probleme, die Grenzen des Grundsatzes der Nachahmungsfreiheit eindeutig zu bestimmen, führen dazu, daß der Grundsatz der Nachahmungsfreiheit bei der Beantwortung der Frage nach einem möglichen wettbewerbsrechtlichen Schutz elektronisch erzeugter Einzelsounds bei fehlendem Schutz nach dem UrhG nicht wesentlich weiterhilft.

---

[445] Vgl. dazu Reimer, FS für Wendel, S.98 (99).
[446] Beater, S.345 u. 437f.
[447] Beater, S.438.

2. Verstoß gegen sondergesetzliche Wertungen

Unabhängig von der Frage, wie weit die Grenzen der Nachahmungsfreiheit zu ziehen sind, scheidet ein ergänzender Leistungsschutz an elektronisch erzeugten Einzelsounds nach §1 UWG jedenfalls dann aus, wenn er sich in Widerspruch zu den Regelungen des UrhG setzen würde.

Ein über den Schutz, den das UrhG elektronisch erzeugten Einzelsounds gewährt, hinausgehender Schutz durch §1 UWG könnte insbesondere die im UrhG getroffene Interessenabwägung zwischen den Interessen des Urhebers und denen der Allgemeinheit beeinträchtigen. Damit jedem Einzelnen eine freie künstlerische Entfaltung möglich ist, darf die Monopolisierung im Bereich des Kunstschaffens nicht alle Schaffensprodukte erfassen. Deshalb stellt das UrhG bestimmte Mindestanforderungen an die schutzfähigen Leistungen auf. Erfüllt ein elektronisch erzeugter Einzelsound diese Anforderungen nicht, d.h. ist er nicht individuell, stellt er keine werkinterpretatorische Leistung eines ausübenden Künstlers dar und fällt auch nicht in den Schutzbereich des Leistungsschutzrechtes des Tonträgerherstellers, soll nach der urheberrechtsgesetzlichen Wertung seine freie Nutzung durch die Allgemeinheit zulässig sein. Ein wettbewerbsrechtlicher Schutz über §1 UWG würde dieser im Urheberrecht getroffenen Interessenabwägung widersprechen.[448] Er würde das freie musikalische Schaffen und damit wesentliche Interessen der Allgemeinheit beeinträchtigen. Darüber hinaus besteht gegen die unmittelbare technische Übernahme von elektronisch erzeugten Einzelsounds, die wegen der weitgehenden Einsparung einer eigenen Leistung und der Möglichkeit der Begründung einer Täuschung über die Herkunft des Einzelsounds insbesondere für einen ergänzenden wettbewerbsrechtlichen Schutz in Frage käme, durch §85 UrhG schon ein weitreichender Schutz nach dem UrhG. Da auch digitale Datenträger, auf denen

[448] Vgl. dazu OLG Köln GRUR 1992, S.388 (388) - „Prince"; Spieß, ZUM 1991, S.524 (532); Klein, Handbuch der Musikwirtschaft, S.575 (584).

akustische Ereignisse gespeichert sind, zu den nach §85 I UrhG geschützten Tonträgern gehören, ist die unmittelbare technische Kopie von Einzelsounds, die sich auf solchen digitalen Datenträgern befinden, bei Vorliegen einer wirtschaftlichen Beeinträchtigung des Tonträgerherstellers bereits nach §85 I UrhG zustimmungspflichtig.[449]

Bei einem wettbewerbsrechtlichen Schutz gegen ein sonstiges Nachschaffen von Einzelsounds würde außerdem die Gefahr bestehen, daß ein Widerspruch zu den Regelungen der §§73ff. und des §85 I UrhG entsteht. Diese schützen den ausübenden Künstler und den Tonträgerhersteller gerade nur gegen die unmittelbare technische Übernahme seiner Leistung. Da dem Gesetzgeber bei der Schaffung dieser Regelungen die Möglichkeit der Nachahmung der geschützten Leistungen durchaus bekannt war, kann es als gesetzgeberische Entscheidung darüber angesehen werden, daß das Nachschaffen der Leistungen grundsätzlich frei sein soll und ein Schutz gegen eine unmittelbare technische Übernahme die Interessen der Betroffenen in einem ausreichenden Maße schützt.[450]

M.E. widerspricht demnach ein ergänzender wettbewerbsrechtlicher Leistungsschutz an elektronisch erzeugten Einzelsounds den bestehenden urheberrechtlichen Regelungen. Insbesondere würde die Gefahr einer unverhältnismäßigen Einschränkung des musikalischen Schaffens der Allgemeinheit begründet. Versagt ein Schutz nach dem UrhG, sollten deshalb die Übernahme und Nachahmung von elektronisch erzeugten Einzelsounds durch andere Musikschaffende, auch wenn diese Mitwettbewerber sind, grundsätzlich zulässig sein.[451]

---

449 Eine unmittelbare technische Übernahme von elektronisch erzeugten Einzelsounds ist grundsätzlich nur von einem Sound-Datenträger möglich.

450 Zudem erfordert das Nachschaffen elektronisch erzeugter Einzelsounds in der Regel selbst eine nicht unerhebliche Leistung.

451 Hoeren, GRUR 1989, S.11 (16) ist für den Fall des Sound-Sampling der Ansicht, es verstoße gegen §1 UWG. Allerdings ist Hoeren auch der Auffassung, ein Schutz von Sounds nach dem UrhG bestehe nicht.

Angesichts des Schutzzwecks des §1 UWG muß ein wettbewerbsrechtlicher Schutz des Herstellers von elektronisch erzeugten Einzelsounds jedoch immer dann möglich sein, wenn Einzelsounds nicht nur übernommen oder nachgeahmt werden, sondern weitere Umstände außerhalb des Tatbestandes der Übernahme oder Nachahmung der Einzelsounds hinzutreten, die die Sittenwidrigkeit der Übernahme begründen. In einem solchen Fall werden durch einen Schutz nach §1 UWG die sondergesetzlichen Wertungen nicht berührt.

Die Tatbestandsvoraussetzungen des §1 UWG sind erfüllt, wenn eine Handlung im geschäftlichen Verkehre[452] zu Zwecken des Wettbewerbs[453] vorliegt, die gegen die guten Sitten verstößt. Für die Beurteilung der Frage der Sittenwidrigkeit von Wettbewerbshandlungen haben sich dabei verschiedene Fallgruppen herausgebildet.[454] Da sich allein aus der unmittelbaren technischen Übernahme oder sklavischen Nachahmung eines elektronisch erzeugten Einzelsounds nicht die Sittenwidrigkeit der Handlung eines Mitwettbewerbers ergeben kann, müssen über den Tatbestand der Übernahme oder Nachahmung hinaus Umstände vorliegen, die die Sittenwidrigkeit i.S.d. §1 UWG begründen. In Betracht kommt z.B. das Ausbeuten des Rufs des eigentlichen Sounderstellers, indem der Übernehmende seine Ware verwechslungsfähig bezeichnet und so den Eindruck erweckt, es handele sich um

---

[452] Eine Handlung im geschäftlichen Verkehre im Sinne des §1 UWG ist gegeben, wenn „irgendeine der Förderung eines Geschäftszwecks dienende Tätigkeit im Gegensatz zu einer rein privaten oder amtlichen Betätigung" vorliegt. RGZ 108, S.272 (274); BGHZ 19, S.299 (303) - „Kurverwaltung"; Rittner, S.29f.

[453] Eine Handlung im geschäftlichen Verkehre ist eine Wettbewerbshandlung, wenn sie in objektiver Hinsicht dazu geeignet ist, Wettbewerbszwecken zu dienen und auch eine entsprechende Wettbewerbsabsicht des Handelnden vorliegt. BGHZ 3, S. 270 (277) - „Constanze I"; BGHZ 14, S.164 (170f.) - „Constanze II"; BGHZ 19, S.299 (303) - „Kurverwaltung"; BGHZ 19, S.392 (393) - „Anzeigenblatt"; BGH GRUR 1983, S.379 (380) - „Geldmafiosi"; Rittner, S.31. Außerdem ist nach der Rechtspraxis für das Vorliegen einer Wettbewerbshandlung im Sinne des §1 UWG ein spezielles Wettbewerbsverhältnis zwischen Verletzer und Verletztem erforderlich, vgl. BGH GRUR 86, S.898 (899) - „Frank der Tat"; BGH GRUR 89, S.430 (430) - „Krankentransportbestellung". Zur Kritik am Erfordernis des Wettbewerbsverhältnisses siehe Emmerich, S.29f. Ein solches Wettbewerbsverhältnis besteht, wenn sich die Gewerbetreibenden (i.w.S.) an den gleichen Abnehmerkreis wenden und den eigenen Absatz zu Lasten des Konkurrenten steigern können, vgl. Baumbach/Hefermehl, UWG Einl., Rn.216, 220; BGHZ 19, S.299 (303) - „Kurverwaltung"; BGH ZIP 1986, S.1011 (1013) - „Gastrokritiker".

[454] Vgl. v. Gamm, Wettbewerbsrecht, 19/Rn.1; Hefermehl, Gewerblicher Rechtsschutz, S.283 (919ff.); Rittner, S.39ff. Die Herausbildung von Fallgruppen darf nicht darüber hinwegtäuschen, daß wegen der Weite der Generalklausel über die Sittenwidrigkeit der Ausbeutung einer fremden Leistung immer nur im konkreten Einzelfall anhand einer umfassenden Interessen- und Güterabwägung entschieden werden kann, vgl. Heker, ZUM 1995, S.97 (101).

„Originalware" dieses Sounderstellers.[455] Eine Sittenwidrigkeit kann sich beispielsweise auch aus einer systematischen und zielbewußten Nachahmung fast aller von einem Mitwettbewerber auf den Markt gebrachten Einzelsounds ergeben, die zu einer geschäftlichen Behinderung des Mitwettbewerbers führt, die darauf zielt, ihn aus dem Wettbewerb auszuschalten.[456] Beachtet werden muß insoweit, daß ein wettbewerbsrechtlicher Schutz nur in Ausnahmefällen eingreifen soll und deshalb strenge Anforderungen an das Vorliegen der Sittenwidrigkeit zu stellen sind.

III. Zusammenfassung

Ein wettbewerbsrechtlicher Schutz von elektronisch erzeugten Einzelsounds nach §1 UWG ist bei Bestehen eines Schutzes nach dem UrhG zwar möglich, aufgrund des sondergesetzlichen Schutzes durch das UrhG aber grundsätzlich subsidiär. Besteht kein Schutz durch das UrhG, würde sich ein Schutz nach §1 UWG, der allein auf der Tatsache der Nachahmung oder unmittelbaren Übernahme eines Einzelsounds beruht, zu den Wertungen des UrhG in Widerspruch setzen und scheidet deshalb aus. Ein Schutz nach §1 UWG ist in diesem Fall lediglich dann möglich, wenn weitere Umstände, die eine Sittenwidrigkeit begründen, zur Nachahmung oder Übernahme von elektronisch erzeugten Einzelsounds hinzutreten. Hierbei sind jedoch strenge Anforderungen anzulegen.

---

455 Vgl. dazu Rittner, S.49; Baumbach/Hefermehl, UWG, §1, Rn.544. Oft wird in einem solchen Fall auch eine sittenwidrige Täuschung des Verkehrs vorliegen. Zu beachten ist darüber hinaus, daß eine Bekämpfung irreführender Werbung auch über §3 UWG möglich ist (vgl. Rittner, S.41 u. 57; Baumbach/Hefermehl, UWG, §1, Rn.9) und für Waren- und Unternehmensbezeichnungen ein Schutz nach §§14, 15 MarkenG und §12 BGB besteht, vgl. Baumbach/Hefermehl, UWG, §1, Rn.483.

456 Vgl. BGH GRUR 1960, S.244 (246) - „Simili-Schmuck"; BGH GRUR 1988, S.308 (310) - „Informationsdienst"; Baumbach/ Hefermehl, UWG, §1, Rn.480; Reimer, FS für Wendel, S.98 (102f.); Schulze, ZUM 1994, S.15 (20f.). Da es sich insoweit allerdings um allgemeine Fallgruppen der Sittenwidrigkeit handelt, die keine speziefischen Besonderheiten in bezug auf elektronische Einzelsounds aufweisen, würde eine umfassende Darstellung den Rahmen des Themas dieser Untersuchung sprengen. Weitere mögliche, die Sittenwidrigkeit begründende Umstände finden sich bei Schricker/ Schricker, UrhG, Einl., Rn.43.

E. Endergebnis zum Schutz elektronisch erzeugter Einzelsounds nach dem Urheberrechtsgesetz und dem Gesetz gegen den unlauteren Wettbewerb

Die vorliegende Untersuchung führt zu folgenden Ergebnissen:

1. In Anbetracht des großen Spielraums, den elektronische Klangerzeuger bei der Gestaltung von Einzelsounds zur Verfügung stellen, sind elektronische Einzelsounds vorstellbar, die Individualität aufweisen und auch die anderen Voraussetzungen des Werkbegriffs erfüllen. Elektronisch erzeugte Einzelsounds haben weder eine unselbständige Funktion noch ist die Klangfarbe nur abstrakter Natur. Dem elektronisch erzeugten Einzelsound kommt zudem zwar eine Bausteinfunktion im Rahmen musikalischen Schaffens zu, wegen der großen Anzahl zur Verfügung stehender elektronisch erzeugter Einzelsounds besteht aber keine Gefahr einer Hemmung des musikalischen Schaffens durch eine Monopolisierung einzelner elektronisch erzeugter Sounds. Die m.E. gebotene weite Auslegung des Musikbegriffs führt darüber hinaus zu einer Ablehnung des Erfordernisses einer zeitlichen Gestaltung für das Vorliegen musikalischer Individualität, so daß individuelle elektronisch erzeugte Einzelsounds entgegen der herrschenden Meinung nach §2 I Nr.2 UrhG als Werke der Musik urheberrechtlich geschützt sind. Daran ändert sich auch durch den Einsatz eines Zufallsgenerators nichts, solange der Urheber das wesentliche Grundmuster des Werkes geschaffen hat und den Zufall nur planend und bewußt als Gestaltungsmittel bei der endgültigen Ausformung seines Werkes eingesetzt hat.

Der Urheber eines elektronisch erzeugten Einzelsounds wird durch das UrhG dadurch sowohl gegen eine etwaige Übernahme seiner Einzelsounds durch Sampling, durch Nachprogrammieren, als auch durch die Kopie eines Sound-Datenträgers geschützt.[457] Aus den §24 I UrhG und den §§45ff. UrhG ergeben sich jedoch

---

[457] Grundsätzlich stellt bereits die Einspeicherung eines Sounds in einen Synthesizer oder Sampler eine Vervielfältigung i.S.d. §16 UrhG dar und bedarf deshalb der Zustimmung des Urhebers.

Beschränkungen des Urheberrechts, nach denen die Übernahme elektronisch erzeugter Einzelsounds auch ohne die Zustimmung des Urhebers zulässig sein kann. Dabei sind insbesondere die Zitierfreiheit gem. §51 Nr.3 UrhG und die Vervielfältigung zum privaten Gebrauch gem. §53 I UrhG von Bedeutung.

2. Obwohl ein elektronisch erzeugter Einzelsound regelmäßig nur einen Teil der Darbietung des ausübenden Künstlers darstellt, unterliegt der Einzelsound zudem einem Schutz nach den §§73ff. UrhG, wenn in ihm eine kunstvoll-interpretative Einsetzung des elektronischen Musikinstruments zum Ausdruck kommt.[458] Dies ist insbesondere dann der Fall, wenn der Künstler einen eigenen Einzelsound im Hinblick auf das darzubietende Werk gestaltet.

Anders als ein Urheberrecht gewähren die §§73ff. UrhG nur einen Schutz gegen die unmittelbare technische Übernahme von Einzelsounds mit Hilfe eines Samplers. Das Kopieren von Sounddatenträgern fällt dagegen wegen des Fehlens einer auf diesen Datenträgern festgehaltenen Aufführung des Einzelsounds nicht unter die §§73ff. UrhG und ist deshalb ebenso wie das Nachschaffen von elektronisch erzeugten Einzelsounds ohne Zustimmung des ausübenden Künstlers zulässig.[459]

3. Bei einer Übernahme von elektronisch erzeugten Einzelsounds kann darüber hinaus auch das Leistungsschutzrecht des Tonträgerherstellers aus §85 I UrhG verletzt sein. Dieses greift nicht nur bei einer Übernahme des kompletten Tonträgers ein, sondern kann bereits durch die Übernahme einzelner Teile eines Tonträgers verletzt werden. Dabei erscheint es jedoch angebracht, den Schutz durch §85 I UrhG nicht zu weit auszudehnen, sondern nur dann zu gewähren, wenn der Tonträgerhersteller durch die Übernahme von Teilen des Tonträgers meßbar in

[458] Darüber hinaus besteht ein Leistungsschutz nur dann, wenn aufgrund der Soundgestaltung nicht bereits ein urheberrechtlicher Schutz für den geschaffenen Einzelsound besteht.

[459] Zudem sind gem. §84 UrhG die §§45ff. UrhG mit Ausnahme des §61 UrhG sinngemäß auf die §§73ff. UrhG anzuwenden.

seiner wirtschaftlichen Position beeinträchtigt wird. Eine solche Beeinträchtigung des Tonträgerherstellers ist bei der Übernahme von elektronisch erzeugten Einzelsounds aus einem längeren Musikstück und der Vervielfältigung dieser Einzelsounds in der Regel nicht gegeben. Etwas anderes gilt bei der Übernahme von Sounds aus einem speziellen Sound-Tonträger. In diesem Fall erscheint eine wirtschaftliche Beeinträchtigung des Original-Tonträgerherstellers wahrscheinlich. Zu den Tonträgern im Sinne des §85 I UrhG sind dabei auch Sound-Datenträger, wie Disketten, Festplatten und Cartridges zu zählen.[460]

4. Bei Bestehen eines Schutzes nach dem UrhG ist ein ergänzender wettbewerbsrechtlicher Schutz von elektronischen Einzelsounds nach §1 UWG zwar möglich, aber grundsätzlich subsidiär. Besteht dagegen kein Schutz durch das UrhG, würde sich ein Schutz nach §1 UWG, der allein auf der Tatsache der Nachahmung oder unmittelbaren Übernahme des Sounds beruht, zu den Wertungen des UrhG in Widerspruch setzen. Er scheidet deshalb grundsätzlich aus und kommt nur dann in Betracht, wenn besondere Umstände zum Tatbestand der Nachahmung oder Übernahme von elektronisch erzeugten Einzelsounds hinzutreten, die eine Sittenwidrigkeit aus wettbewerbsrechtlicher Sicht begründen, wie z.B. eine Herkunftstäuschung oder eine systematische Nachahmung einer Vielzahl von elektronisch erzeugten Einzelsounds durch einen Mitwettbewerber.

An elektronisch erzeugten Einzelsounds können somit je nach Einzelfall verschiedene Schutzrechte bestehen. Derjenige, der elektronisch erzeugte Einzelsounds anderer übernimmt, hat diese Rechte zu beachten und gegebenenfalls vor einer Übernahme die erforderlichen Genehmigungen einzuholen.

[460] Grundsätzlich ist bereits die Einspeicherung in den Sampler oder Synthesizer eine Vervielfältigung, die nur mit der Zustimmung des Tonträgerherstellers zulässig ist, es sei denn, sie erfolgt zum privaten Gebrauch, §85 I i.V.m. §53 II UrhG.

F. Annex: Beweisschwierigkeiten

Zwar können dem Erschaffer elektronisch erzeugter Einzelsounds eine Reihe von Schutzrechten gegen die Übernahme seiner Einzelsounds zustehen, damit ein Urheber seine Rechte an einem elektronisch erzeugten Einzelsound in einem Prozeß durchsetzen kann, muß er allerdings die Übernahme oder das Nachahmen seines elektronisch erzeugten Einzelsounds auch beweisen, und Leistungsschutzberechtigte müssen den Nachweis der unmittelbaren technischen Übernahme des geschützten Einzelsounds führen können. Im Einzelfall bestehen insoweit jedoch enorme Beweisschwierigkeiten, die eine Durchsetzung der Rechte des Soundherstellers in der Praxis oft sehr schwierig oder sogar unmöglich machen.[461]

Allein bei der Kopie von Sound-Datenträgern, wie Disketten, Festplatten und Cartridges kann ein Vergleich des Original-Datenträgers mit der Kopie bzw. der vermeintlichen Kopie einen einigermaßen zuverlässigen Aufschluß über das Vorliegen einer Übernahme des elektronisch erzeugten Einzelsounds liefern. Stimmen die auf den Datenträgern abgespeicherten Soundprogramme völlig überein, ist eine Übernahme sehr wahrscheinlich. Schon geringfügige Abweichungen der Soundprogramme voneinander begründen jedoch Zweifel an einer unmittelbaren technischen Übernahme des Einzelsounds. Es könnte auch ein Nachschaffen oder eine Doppelschöpfung vorliegen.[462] Ist der betroffene elektronisch erzeugte Einzelsound urheberrechtlich geschützt, ist auch ein Nachprogrammieren dieses Sounds nicht zulässig, so daß lediglich das Vorliegen einer Doppelschöpfung die Verwendung des weitgehend ähnlichen Einzelsounds zulässig macht. Angesichts der sehr großen Soundgestaltungsmöglichkeiten elektronischer Klangerzeuger und der Vielzahl der vorhandenen veränderbaren Parameter erscheint die Möglichkeit einer zufälligen

---

461 Vgl. zu den Beweisproblemen beim Sampling: Klein, Handbuch der Musikwirtschaft, S.575 (578-581); Münker, S.26-29; Spieß, ZUM 1991, 524 (535); Schulze, ZUM 1994, 15 (21); Haver, Rockmusiker 4/95, S.23 (23); Andresen, FonoForum 3/1986, S.30 (31); N.N., Musikhandel 4/1990, S.202 (202); Davis, GRUR Int. 1996, S.888 (890 u. 892f.).

462 Eine Doppelschöpfung mit einer exakten Übereinstimmung der Einstellungen aller bis zu 10000 Soundparameter ist überaus unwahrscheinlich.

Doppelschöpfung allerdings eher gering. Bei einer weitgehenden Übereinstimmung der einzelnen Soundparameter kann deshalb wohl zumindest von einem Nachschaffen ausgegangen werden.

Ist kein direkter Vergleich der beiden Soundprogramme möglich, ist der Nachweis einer unzulässigen Soundübernahme weitaus schwieriger. Die hörbare Ähnlichkeit zweier elektronisch erzeugter Einzelsounds ist zum Nachweis einer Übernahme nur bedingt geeignet. Da mit Hilfe der gleichen elektronischen Musikinstrumente und der nötigen Sachkenntnis Nachproduktionen elektronisch erzeugter Einzelsounds möglich sind, die sich vom Original kaum unterscheiden, kann die hörbare Ähnlichkeit zweier Einzelsounds zwar Indiz dafür sein, daß zumindest ein Nachschaffen eines Einzelsounds vorliegt, nicht aber zwingend auf eine unmittelbare technische Übernahme hinweisen.[463] Zudem wird ein Vergleich mit dem menschlichen Ohr dadurch erschwert, daß elektronisch erzeugte Einzelsounds, soweit sie in Musikproduktionen Einsatz finden, regelmäßig nicht allein zu hören sind, sondern gleichzeitig mit anderen Instrumenten zusammen erklingen.

Hilft ein Hörvergleich nicht wesentlich weiter, stellt sich die Frage, ob mit technischen Geräten der Nachweis einer unmittelbaren technischen Übernahme von Einzelsounds geführt werden kann. Unter bestimmten Umständen kann ein solcher Nachweis mittels einer Frequenzanalyse möglich sein. Dabei werden mit Hilfe eines Computers akustische Signale in Form von Frequenzkurven graphisch dargestellt. Die Darstellungen der Signale lassen sich dann miteinander vergleichen.[464] Eine wesentliche Übereinstimmung des Frequenzspektrums der beiden Einzelsounds spricht für eine Übernahme des Sounds. Allerdings stößt auch dieses Verfahren dann an seine Grenzen, wenn der Einzelsound nicht separat, sondern nur mit

[463] Vgl. Klein, Handbuch der Musikwirtschaft, S.575 (578, 580). Deshalb ist ein identischer Höreindruck in der Regel nicht dazu geeignet, einen Anscheinsbeweis für eine unmittelbare technische Übernahme zu begründen, vgl. Spieß, ZUM 1991, S.524 (531); Münker, S.26.

[464] Vgl. Klein, Handbuch der Musikwirtschaft, S.575 (578f.); N.N., Musikhandel, 4/1990, S.202; siehe zur Frequenzanalyse auch: Eimert/Humpert, S.102.

anderen Sounds vermischt vorliegt. Eine Frequenzanalyse des Einzelsounds läßt sich dann nicht erstellen.[465]

Die insoweit fehlende zuverlässige Nachweismöglichkeit einer Soundübernahme gefährdet insbesondere den Schutz der ausübenden Künstler und der Tonträgerhersteller, da diese durch das UrhG nur gegen eine unmittelbare technische Übernahme ihrer Leistung geschützt werden. Es bleibt jedoch die Hoffnung, daß auch in diesem Bereich durch technische Neuerungen eines Tages der Nachweis der rechtswidrigen Soundübernahme zuverlässig zu führen sein wird.[466]

[465] Spieß, ZUM 1991, S.524 (535) weist zudem auf die Möglichkeit des sog. Resampelns hin. Dabei wird ein übernommener Klang seinerseits wieder gesampelt, so daß die binären Zahlenwerte des Samples und des Originals miteinander verglichen werden können. Allerdings ist auch dabei der Nachweis einer Übernahme nur möglich, wenn der übernommene Klang vom Übernehmenden nicht bearbeitet wurde und isoliert von anderen Klängen vorliegt.

[466] Beispielsweise hat die Firma Steinberg mit dem Computerprogramm Recycle (Testbericht in Keyboards 9/1994, S.132ff.) die Möglichkeit geschaffen, komplexe kurze musikalische Sequenzen wieder in ihre Einzelbestandteile zu zerlegen. Gelingt diese ohne eine Beeinträchtigung der einzelnen Sounds in ihrer Frequenzstruktur, könnte auf diesem Wege der Nachweis der Soundübernahme auch in den Fällen der Verwendung der übernommenen Einzelsounds im Rahmen komplexer Arrangements möglich sein. Hat der Übernehmende Veränderungen am Einzelsound vorgenommen, kann jedoch auch eine Frequenzanalyse nicht weiterhelfen. Teilweise Abhilfe in bezug auf die Beweisprobleme könnte auch ein Kodierungsverfahren schaffen, mit dessen Hilfe zumindest bei Tonaufnahmen jeder einzelnen Spur eine Information beigegeben wird, die eine Identifikation des Rechtsinhabers ermöglicht, ohne daß diese Information entfernt oder verändert werden könnte. Von diesbezüglichen Bemühungen der amerikanischen Tonträgerindustrie berichtet Davis, GRUR Int. 1996, S.888 (893).

Abbildungsverzeichnis:

Literaturverzeichnis:

Ackermann, Philipp:
Computer und Musik. Eine Einführung in die digitale Klang- und Musikverarbeitung, Wien/New York 1991.

Allfeld, Philipp:
Das Urheberrecht an Werken der Literatur und Tonkunst, Kommentar, 2. Auflage, München 1928.

Andresen, Uwe:
Orchester aus dem Chip - Musik ohne Musiker?, ZUM 1985, S.38-41.

Andresen, Uwe:
Leistungsschutz für die Tonmeister?, ZUM 1986, S.335-340.

Andresen, Uwe:
Musiker braucht's nicht mehr! Was moderne Musikcomputer alles können, Fono Forum, Band 31, 3/1986, S.30-33.

Andryk, Ulrich:
Musiker-Recht, Brühl 1995.

Batel, Günther:
Zur Funktion und Wirkung von elektronischen Klängen in Rockmusik, Popmusik und Jazz, Zeitschrift für Musikpädagogik 9/1984,S.29-35.

Batel, Günther:
Von den mechanischen Musikinstrumenten zum Musikcomputer, Das Musikinstrument 10/1985, S.76-80.

Batel, Günther; Salbert, Dieter:
Synthesizermusik und Live-Elektronik, Wolfsbüttel und Zürich 1985.

Baumann, Karl:
Das Urheberrecht an der Melodie und ihre freie Benutzung. Ein Beitrag zu den Grundlagen des musikalischen Urheberrechts, Dissertation, Aarau 1940.

Baumbach, Adolf; Hefermehl, Wolfgang:
Wettbewerbsrecht, Kommentar, 18. Auflage, München 1995, (zitiert: Baumbach/Hefermehl, UWG).

Beater, Axel:
Nachahmen im Wettbewerb. Eine rechtsvergleichende Untersuchung zu §1 UWG, Tübingen 1995.

Becker-Bender, Walter:
Das Urheberpersönlichkeitsrecht im musikalischen Urheberrecht, Heidelberg 1940.

Behrendsen, Peter; Rüsenberg, Michael:
Je größer der Apparat... Der Synthesizer in Rock und Jazz, Rock Session 2, Hamburg 1978, S.136-154,
(zitiert: Behrendsen/Rüsenberg, Rock Session 2).

Berendt, Joachim E.:
Das große Jazzbuch, 5.Auflage, Frankfurt 1989.

Beyer, Robert:
Die Klangwelt der elektronischen Musik, Zeitschrift für Musik, Band 113, 1952, S.74-79.

Bielenberg, Peter Eduard:
Anmerkung zum Urteil des Bundesgerichtshofs vom 5. Juni 1970 - „Magdalenenarie", GRUR 1971, S.269.

Bickel, Peter:
Vom Musiker zum Musik-Operator? Musikmaschinen in der Pop-Musik, Neue Zeitschrift für Musik 3/1990, S.3-7.

Bortloff, Nils:
Tonträgersampling als Vervielfältigung, ZUM 1993, S.476-481.

Brem, Martin:
Was zum Teufel ist eigentlich Sampling. Die Revolution aus dem Mikro-Chip, Musikexpress/Sounds 3/1987, S.66-71.

Brockhaus Enzyklopädie:
14. Band (Mag-Mod), 19. Auflage, Mannheim 1991.

Brockhaus-Riemann:
Musiklexikon,
(1) 2. Band (E-K), 2. Auflage, München 1989,
(2) 3. Band (L-Q), 2. Auflage, München 1989,
(3) 4. Band (R-Z), 2. Auflage, München 1989,
(zitiert: Brockhaus-Riemann, Band).

Brüse, Claudius:
Physical Modeling, Keyboards 4/94, S.44-73.

Brutschke, Paul-Gerhard:
Urheberrecht und EDV, München 1972.

Davis, G. Gervaise:
Pixel Piracy, Digital Sampling & Moral Rights - Multimedia und Urheberrecht: Ein Dilemma des digitalen Zeitalters, GRUR Int. 1996, S.888-896.

Dietz, Adolf:
Entwickelt sich das Urheberrecht zu einem gewerblichen Schutzrecht?, in: Wirtschaftsrecht in Theorie und Praxis, Gedenkschrift für Fritz Schönherr, Wien 1986, S.111-119,
(zitiert: Dietz, Gedenkschrift für Fritz Schönherr).

Doerschuk, Bob:
Die Keyboards der Michael-Jackson-Tour, Keyboards 3/1988, S.28-37.

Dorn, Friedrich; Bader, Franz:
Physik - Mittelstufe, Hannover 1980.

Dreier, Thomas:
Urheberrecht im Zeitalter digitaler Technologie, GRUR Int. 1993, S.742-747.

DTV-Atlas zur Physik:
Band 1 (Mechanik, Akustik, Thermodynamik, Optik), 2. Auflage, München 1990.

Dünnwald, Rolf:
Zum Begriff des ausübenden Künstlers, UFITA 52 (1969), S.49-88.

Dünnwald, Rolf:
Inhalt und Grenzen des künstlerischen Leistungsschutzes, UFITA 65 (1972), S.99-116.

Dünnwald, Rolf:
Zum Leistungsschutz von Tonträgern und Bildtonträgern, UFITA 76 (1976), S.165-194.

Dünnwald, Rolf:
Die künstlerische Darbietung als geschützte Leistung, UFITA 84 (1979), S.1-25.

Ehrhardt, Johannes:
Sound Sampling und Urheberrecht, Musik special 3/1986, S.62f.

Eimert, Herbert; Humpert, Ulrich:
Das Lexikon der elektronischen Musik, Regensburg 1973.

Einbrodt, Uli; Pape, Winfried:
Die Entwicklung des Sounds in der Rockmusik, ASPM/ Ausgewählte Beiträge zur Popularmusikforschung, Hamburg 1992, S.114-134,
(zitiert: Einbrodt/Pape, Ausgewählte Beiträge zur Popularmusikforschung).

Ekrutt, Joachim W.:
Der Rechtsschutz der ausübenden Künstler, GRUR 1976, S.193.

Elster, Alexander:
Gewerblicher Rechtsschutz, Berlin 1921.

Emmerich, Volker:
Das Recht des unlauteren Wettbewerbs,4. Auflage, München 1995

Enders, Bernd:
Substantielle Auswirkungen des elektronischen Instrumentariums auf Stil und Struktur der aktuellen Popularmusik, in: Musikpädagogische Forschung, Band 4: Musikalische Teilstrukturen, Laader 1983, S.265-293,
(zitiert: Enders, Substantielle Auswirkungen).

Enders, Bernd:
Die Klangwelt des Musiksynthesizers, München 1985,
(zitiert: Enders, Klangwelt).

Enders, Bernd:
Lexikon Musikelektronik, Mainz, München 1985,
(zitiert: Enders, Lexikon Musikelektronik).

Enders, Bernd:
Musikelektronik - Ein neues Kapitel im Handbuch der Musikinstrumente, Musica 6/1989, S.487-494

Enders, Bernd; Rocholl, Christoph:
Musik und neue Technologien, in: ASPM/Ausgewählte Beiträge zur Popularmusikforschung, Hamburg 1992, S.95-113,
(zitiert: Enders/Rocholl, Ausgewählte Beiträge zur Popularmusikforschung)

Erdmann, Willi:
Möglichkeiten und Grenzen des Urheberrechts, Computer und Recht 1986, S.249-259.

Fabiani, Mario:
Sind Apparate geistige Schöpfer?; GRUR Int. 1965, S.422-425.

Fellerer, Karl Gustav:
Bearbeitung und Elektronik als musikalisches Problem im Urheberrecht, in: Schriftenreihe der INTERGU Band 37, S.11-34.

Fezer, Karl-Heinz:
Der wettbewerbsrechtliche Schutz der unternehmerischen Leistung, in: Beier/Kraft/Schricker/Wadle (Hrsg.), Gewerblicher Rechtsschutz und Urheberrecht in Deutschland, Festschrift zum hundertjährigen Bestehen der Deutschen Vereinigung für gewerblichen Rechtsschutz und Urheberrecht, Weinheim 1991, Band 2, S.939-970,
(zitiert: Fezer, Gewerblicher Rechtsschutz)

Flender, Reinhard; Rauhe, Hermann:
Popmusik, Darmstadt 1989.

Flechsig, Norbert P.:
Der Leistungsintegritätsanspruch des ausübenden Künstlers, Dissertation, Berlin 1977.

Frederking, Klaus:
Sound und Vision. Wunderwerke - per Musikcomputer durch das Universum, Rock Session 8, Hamburg 1985, S.170-178,
(zitiert: Frederking, Rock Session 8).

Fritsch, Johannes:
Kreativität aus dem Chip?, Zeitschrift für Musikpädagogik 3/1987, S.62f.

Fritze, Ulrich:
Verderben die Juristen die guten Sitten im Wettbewerb?, GRUR 1982, S.520-525.

Fromm, Karl:
Der Apparat als geistiger Schöpfer, GRUR 1964, S.304-307.

Fromm, Friedrich Karl; Nordemann, Wilhelm:
Urheberrecht, Kommentar zum Urheberrechtsgesetz, 8.Auflage, Stuttgart, Berlin, Köln 1994,
(zitiert: Fromm/Nordemann/Bearbeiter, UrhG).

Gamm, Otto-Friedrich Freiherr von:
Urheberrechtsgesetz, Kommentar, München 1968,
(zitiert: v. Gamm, UrhG).

Gamm, Otto-Friedrich Freiherr von:
Wettbewerbsrecht (Erster Halbband), 5.Auflage;
Köln, Berlin, Bonn, München 1987,
(zitiert: v. Gamm, Wettbewerbsrecht).

GEMA:
Geschäftsbericht 1994, München 1994.

Gentz, Günther:
Elektronische Musik als Rechtsproblem, UFITA 34 (1961), S.9-17.

Gentz, Günther:
Der künstlerische Leistungsschutz, GRUR 1974, S.328-331.

Gerecht, Bert:
Die eigene Musik auf CD, Bergisch-Gladbach 1992.

Gerst, Arthur:
Der Gegenstand des musikalischen Urheberrechts und das Recht der Melodie als Recht des Urhebers, Dissertation, Erlangen 1912.

Gerstenberg, Ekkehard:
Die Urheberrechte an Werken der Kunst, der Architektur und Photographie, Kommentar, München 1968,
(zitiert: Gerstenberg, UrhG).

Gerthsen, Christian; Vogel, Helmut:
Physik, 17. Auflage, Berlin, Heidelberg, New York 1993.

Girth, Peter:
Individualität und Zufall im Urheberrecht, Schriftenreihe der UFITA Heft 48, Berlin 1974.

Goodman, Alfred:
Wörterbuch der Musik, München 1982.

Gorges, Peter; Merck, Alex:
Keyboards, Midi, Homerecording, 2.Auflage, München 1993.

Goslich, Lorenz:
Warum sollte die CD viel teurer sein, Herr Stein?, Interview mit Thomas Stein, FAZ-Magazin Heft 844, 3.5.1996, S.74f.

Gotzen, Frank:
Angleichung des Rechts der ausübenden Künstler im Rahmen der europäischen Gemeinschaft, GRUR Int. 1980, S.471-490.

Groß, Frank:
Mit Hammer und Sichel gegen High-Tech-Chips, Keyboards 2/1992, S.36-40.

Halbscheffel, Bernward; Kneif, Tibor:
Sachlexikon Rockmusik, 2. Auflage, Reinbeck bei Hamburg 1992.

Hanser-Strecker, Carl-Peter:
Das Plagiat in der Musik, Dissertation, Frankfurt 1968.

Harenberg, Michael:
Neue Musik durch neue Technik?, Kassel, Basel, London, New York 1989.

Hartmann, Claus Hinrich:
Überlegungen zum Werkbegriff - insbesondere zur Individualität - an Beispielen zeitgenössischer Musikformen, UFITA 122 (1993), S.57-91.

Haselauer, Elisabeth:
Handbuch der Musiksoziologie, Wien, Köln, Graz 1980.

Haver, Fritz Werner:
Plagiate in der Popmusik. Sie singen wie Nachtigallen und klauen wie Raben, Rockmusiker 4/1995, S.23.

Hefermehl, Wolfgang:
Die Konkretisierung der wettbewerbsrechtlichen Generalklausel durch Rechtsprechung und Lehre, in: Beier/Kraft/Schricker/Wadle (Hrsg.), Gewerblicher Rechtsschutz und Urheberrecht in Deutschland, Festschrift zum hundertjährigen Bestehen der Deutschen Vereinigung für gewerblichen Rechtsschutz und Urheberrecht, Weinheim 1991, Band 2, S.897-937, (zitiert: Hefermehl, Gewerblicher Rechtsschutz).

Heinemann, Rudolf:
Der Rock-Pop-Urheber - Ein professioneller Autodidakt zwischen Kommerz und Förderung, Musikforum, Referate und Informationen des deutschen Musikrates, Heft 77, S.13-18.

Heker, Harald G.:
Im Spannungsfeld von Urheberrecht und Wettbewerbsrecht, ZUM 1995, S.97-103.

Henschel, Johann Friedrich:
Die Kunstfreiheit in der Rechtsprechung des BVerfG, NJW 1990, S.1937-1944.

Hertin, Paul W.:
Zum Künstlerbegriff des Urheberrechtsgesetzes und des Rom-Abkommens, UFITA 81 (1978), S.39-56.

Hertin, Paul W.:
Das Musikzitat im deutschen Urheberrecht, GRUR 1989, S.159-167.

Hertin, Paul W.:
Sounds von der Datenbank - Eine Erwiderung auf Hoeren (GRUR 1989, 11ff.), GRUR 1989, S.578f.

Hertin, Paul W.:
Die Vermarktung nicht lizensierter Live-Mitschnitte von Darbietungen ausländischer Künstler nach den höchstrichterlichen Entscheidungen „Bob Dylan" und „Die Zauberflöte", GRUR 1991, S.722-731.

Hilgefort, Ulrich:
Elektronische Kreativität?, Das Musikinstrument 8/1993, S.4f.

Hirsch, Ferdinand:
Das große Wörterbuch der Musik, Wilhelmshaven 1984.

Hodik, Kurt:
Urheberrechtsfragen bei computergestützten Musikproduktionen, Medien und Recht, 4/1988, S.110-112.

Hoeren, Thomas:
Sounds von der Datenbank - Zur urheber- und wettbewerbsrechtlichen Beurteilung des Samplings in der Popmusik, GRUR 1989, S.11-16.

Hoeren, Thomas:
Nochmals: Sounds von der Datenbank - Zum Schutz des Tonträgerherstellers gegen Sampling, GRUR 1989, S.580f.

Hoeren, Thomas:
Besprechung der Dissertation von Balthasar Schramm, Computer und Recht 1993, S.321f.

Hoeren, Thomas:
Besprechung: Rainer Münker, Urheberrechtliche Zustimmungserfordernisse beim Digital Sampling, Computer und Recht 1995, S.762f.

Hoffmann, Willy:
Die Konkurrenz von Urheberrecht und Leistungsschutz, UFITA 12 (1939), S.96-114.

Hörmann, Karl; Kaiser, Manfred:
Effekte in der Rock- und Popmusik, Regensburg 1982.

Hörnig, Andreas:
Das Bearbeitungsrecht und die Bearbeitung im Urheberrecht unter besonderer Berücksichtigung von Werken der Literatur, UFITA 99 (1985), S.13-116.

Hottmann, Guenther:
Griff zum Horn: Joe Henderson, in: FAZ - Magazin Heft 823, 8.12.1995, S.10-16.

Hubmann, Heinrich:
Das Recht des schöpferischen Geistes, Berlin 1954.

Hubmann, Heinrich:
Die sklavische Nachahmung, GRUR 1975, S.230-239.

Hubmann, Heinrich:
Zum Leistungsschutzrecht der Tonmeister, GRUR 1984, S.620-626.

Hubmann, Heinrich; Rehbinder, Manfred:
Urheber- und Verlagsrecht, 8. Auflage, München 1995.

Hummel, Marlies:
Struktur und Entwicklung der Musikwirtschaft, Musikforum, Referate und Informationen des Deutschen Musikrates, Heft 74, S.13-22.

Hüttl, Adolf:
Die geschichtliche Entwicklung und Reformbedürftigkeit des musikalischen Urheberrechts unter besonderer Berücksichtigung des Rechts an der Melodie, Dissertation, Erlangen 1950.

Jerrentrup, Ansgar:
Techno - Vom Reiz einer reizlosen Musik, in: ASPM/ Beiträge zur Popularmusikforschung 12, Hamburg 1993, S.46-83, (zitiert: Jerrentrup, Beiträge zur Popularmusikforschung 12).

Jörger, Thomas M.:
Das Plagiat in der Popularmusik, Schriftenreihe UFITA Band 99, Dissertation, Baden-Baden 1992.

Jöstlein, Hans:
Unruhige Kunst aus urheberrechtlicher Sicht, UFITA 56 (1970), S.111-116.

Kaegi, Werner:
Was ist elektronische Musik?, Zürich 1967.

Katzenberger, Paul:
Urheberrecht und Datenbanken, GRUR 1990, S.94-100.

Kelemen, Milko:
Klanglabyrinthe: Reflexionen eines Komponisten über die neue Musik, München 1981.

Kemper, Martin:
Popmusik, in: Pütz/Schmidt (Hrsg.), musik international, Köln 1975, S.135-171,
(zitiert: M. Kemper, musik international).

Kemper, Peter:
Techno ist geil: Der Diskjockey Sven Väth, in: FAZ - Magazin Heft 798, 16.6.1995, S.10-13.

Kindermann, Manfred:
Technik und Urheberrecht - Wechselwirkungen und gegenseitige Abhängigkeiten, ZUM 1987, S.219-228.

Klein, Christian:
Digital Sampling, in: Moser/Scheuermann (Hrsg.), Handbuch der Musikwirtschaft, Starnberg/München 1992, S.575-585,
(zitiert: Klein, Handbuch der Musikwirtschaft).

Kleinermanns, Ralf:
Steinberg Recycle!, Keyboards 9/1994, S.132-140.

Klement, Udo:
Elektronische Musik - Voraussetzungen und Möglichkeiten, in: Musik und Gesellschaft Nr.6, 1983, S.342-345.

Knap, Karel:
Urheberrechtliche Fragen auf dem Gebiet der elektronischen Musik, UFITA 64 (1972), S.53-82.

Köhn, Tina:
Die Technisierung der Popmusikproduktion - Probleme der „kleinen Münze“ in der Musik, ZUM 1994, S.278-288.

Kreile, Reinhold:
Die Sozialbindung des geistigen Eigentums, in: Badura/Scholz (Hrsg.), Wege und Verfahren des Verfassungslebens, Festschrift für Peter Lerche, München 1993, S.251-266,
(zitiert: Kreile, FS für Lerche).

Krüger, Christoph:
Die schöpferische Interpretation - ein Widerspruch in sich?, Festschrift für Rainer Klaka, München 1987, S.139-145,
(zitiert: Krüger, FS für Klaka).

Kummer, Max:
Das urheberrechtlich schützbare Werk, Bern 1968.

Kunzler, Martin:
Jazz-Lexikon, 2. Band (La Barbera bis Zwingenberger), Reinbek bei Hamburg 1988.

Kur, Annette:
Der wettbewerbliche Leistungsschutz, GRUR 1990, S.1-15.

Langenscheidts Fachwörterbuch:
Musik, Englisch, Berlin und München 1964.

Lehmann-Schmidtke, Wilfried:
Das Erfordernis der wettbewerblichen Eigenart im ergänzenden wettbewerbsrechtlichen Leistungsschutz, Dissertation, Pfaffenweiler 1988.

Lerche, Peter:
Fragen sozialbindender Begrenzungen urheberrechtlicher Positionen, in: Scheuermann/Strittmatter (Hrsg.), Urheberrechtliche Probleme der Gegenwart, Festschrift für Ernst Reichhardt, Baden-Baden 1990, S.101-110,
(zitiert: Lerche, FS für Reichhardt).

Loewenheim, Ulrich:
Der Schutz der kleinen Münze im Urheberrecht, GRUR 1987, S.761-778.

Lüftner, Monti:
Weltmusikmarkt, in: Moser/Scheuermann (Hrsg.), Handbuch der Musikwirtschaft, Starnberg/München 1992, S.17-26,
(zitiert: Lüftner, Handbuch der Musikwirtschaft).

Lyng, Robert:
Die Praxis im Musikbusiness, 4. Auflage, München 1993.

Maaßen, Wolfgang:
Urheberrechtliche Probleme der elektronischen Bildverarbeitung, ZUM 1992, S.338-352.

Meister, Herbert E.:
Leistungsschutz und Produktpiraterie: Fragmente zu einem Phänomen, Frankfurt am Main 1990.

Meyers Taschenlexikon Musik:
(1) 2. Band (Ge-Om), Mannheim, Wien, Zürich 1984,
(2) 3. Band (On-Zz), Mannheim, Wien, Zürich 1984,
(zitiert: Meyers Taschenlexikon Musik, Band).

Möhring, Philipp:
Können technische, insbesondere Computer-Erzeugnisse Werke der Literatur, Musik und Malerei sein?, UFITA 50 (1967), S.835-843.

Möhring, Philipp; Nicolini, Käte:
Urheberrechtsgesetz, Kommentar, Berlin, Frankfurt am Main 1970, (zitiert: Möhring/Nicolini, UrhG).

Molderings, Steffen:
Ein neues Arbeitsfeld: Computer und Musik, Das Musikinstrument 8/1988, S.24-31.

Moog, Robert:
Perspektiven der elektronischen Klangerzeugung, in: Gorges/Merck, Keyboards, Midi, Homerecording, 2. Auflage, München 1993, S.79-85, (zitiert: Moog, Midi, Keyboards, Homerecording).

Movsessian, Vera; Seifert, Fedor:
Einführung in das Urheberrecht der Musik, Wilhelmshaven 1982.

Münker, Reiner:
Urheberrechtliche Zustimmungserfordernisse beim Digital Sampling, Dissertation, Frankfurt, Berlin, Bern 1995.

Musikmarkt Branchenhandbuch:
1995, 15. Jahrgang, Starnberg 1995.

Nestele, Klaus:
Technische Innovationen und ihre Auswirkungen, in: Moser/Scheuermann (Hrsg.), Handbuch der Musikwirtschaft, Starnberg/München 1992, S.69-75, (zitiert: Nestele, Handbuch der Musikwirtschaft).

Neumann, Werner:
Katechismus der Musik, 6. Auflage, Wiesbaden 1966.

Nink, Stefan:
Warum ist die Rockmusik am Ende, Herr Kunze?,
Interview mit Heinz-Rudolf Kunze, Rockmusiker 2/1995, S.5f.

Nirk, Rudolf:
Zur Rechtsfigur des wettbewerbsrechtlichen Leistungsschutzes,
GRUR 1993, S.247-255.

N.N.:
Die Plattenindustrie hat Angst vor dem Radio in CD-Qualität,
Rockmusiker 3/1994, S.4.

N.N.:
Sampling-Unwesen bereitet der Musikbranche Kopfzerbrechen.
Die Beweisführung der Betroffenen ist oft nicht einfach,
Musikhandel 1990, Band 41, S.202.

N.N.:
Wo heute Hits geboren werden, Rockmusiker 4/1995, S.15.

Nordemann, Wilhelm:
Urheberrecht an Lehrmitteln, NJW 1970, S.881-886.

Nordemann, Wilhelm:
Das Leistungsschutzrecht des Tonmeisters, GRUR 1980, S.568-572.

Nordemann, Wilhelm; Hertin, Paul W.:
Die juristische Datenbank in urheber- und wettbewerbsrechtlicher Sicht,
NJW 1971, S.857-862.

Nordemann, Wilhelm; Nordemann, Axel; Nordemann, Jan Bernd:
Wettbewerbs- und Markenrecht, 8.Auflage, Baden-Baden 1996,
(zit.: Nordemann, Wettbewerbsrecht).

Odenwald, Andreas:
Wenn Musikmacher am Computer komponieren,
Rockmusiker 3/1994, S.25-27.

Pakuscher, Ernst Karl:
Neue Musik und Urheberrecht, UFITA 72 (1975), S.107-129.

Pfeiler, Heide:
„Zwischen Bits und Brummton", in: ASPM/ Beiträge zur Popularmusikforschung 12, Hamburg 1993, S.36-45, (zitiert: Pfeiler, Beiträge zur Popularmusikforschung 12).

Phonographische Wirtschaft, Jahrbuch '94:
Bundesverband der phonographischen Wirtschaft, Deutsche Landesgruppe der IFPI und Deutsche Phono Akademie(Hrsg.), Starnberg 1994.

Quiring, Andreas:
Zum wettbewerblichen Schutz von kurzlebigen Produkten gegen Nachahmung, WRP 1985, S.684-689.

Rauhe, Herrmann:
Klassik contra Elektronik, Der Kirchenmusiker 1/1987, S.14-17.

Rauscher auf Weeg, Hans Hugo Ritter und Edler von:
Das musikalische Urheberrecht und der Schutz von Werkteilen, Dissertation, Heidelberg 1954.

Reetze, Jan:
Musikcomputer - Computermusik, Stuttgart 1987.

Reimer, Dietrich:
Einige Bemerkungen zum Leistungsschutz des §1 UWG, in: Klaka (Hrsg.), Festschrift für Senatspräsident Wilhelm Wendel, München 1969, S.98-114, (zitiert: Reimer, FS für Wendel).

Reinhart, Beat:
Das Institut der freien Benutzung im Urheberrecht, UFITA 103 (1986), S.65-83.

Riedel, Hermann:
Originalmusik und Musikbearbeitung. Eine Einführung in das Urheberrecht der Musik, Berlin 1971.

Riezler, Erwin:
Deutsches Urheber- und Erfinderrecht, München und Berlin 1909.

Rifkin, Jeremy:
Das Ende der Arbeit und ihre Zukunft, Frankfurt, New York 1995.

Rittner, Fritz:
Wettbewerbs- und Kartellrecht, 5. Auflage, Heidelberg 1995.

Rocholl, Christoph:
Zukunftsmusik. Musikelektronik im traditionellen Orchester, Das Orchester 1986, S.130-133.

Rösing, Helmut:
Die Bedeutung der Klangfarbe in traditioneller und elektronischer Musik. Eine sonographische Untersuchung, Schriften zur Musik XII, München 1972,
(zitiert: Rösing, Bedeutung der Klangfarbe).

Rösing, Helmut:
Sound in der Popularmusik, in: ASPM/Beiträge zur Popularmusikforschung 7/8, Hamburg 1989, S.106-121,
(zitiert: Rösing, Beiträge zur Popularmusikforschung 7/8).

Rüsenberg, Michael:
Interview mit Ulrich P. Lask, Keyboards 2/1986, S.22-24.

Ruschkowski, André:
Auf der Suche nach dem Klang von morgen - zur Geschichte der elektronischen Musikinstrumente, in: Musik und Gesellschaft Nr.6, 1983, S.346-351,
(zitiert: Ruschkowski, Musik und Gesellschaft).

Ruschkowski, André:
Soundscapes. Elektronische Klangerzeugung und Musik, Berlin 1990,
(zitiert: Ruschkowski, Soundscapes).

Samson, Benvenuto:
Die moderne Kunst, die Computer-„Kunst" und das Urheberrecht, UFITA 56 (1970), S.117-148.

Samson, Benvenuto:
Urheberrecht, Pullach bei München 1973.

Sandner, Wolfgang:
Entwicklung der Rockmusik, in: Pütz/Schmidt (Hrsg.), musik international, Köln 1975, S.85-124,
(zitiert: Sandner, musik international).

Sandner, Wolfgang:
Sound & Equipment, in: Sandner (Hrsg.), Rockmusik, Mainz 1977, S.81-93, (zitiert: Sandner, Rockmusik).

Schaal, Richard:
Fremdwörterlexikon Musik, 3. Auflage, Wilhelmshaven 1988.

Schädel, Ekki:
Interview mit Otto Waalkes, Keyboards 2/1996, S.38f.

Schenk, Ueli:
Der urheberrechtliche Werkbegriff unter besonderer Berücksichtigung der Probleme der „Neuen" Musik, Dissertation, Zürich 1977.

Schilcher, Theresia:
Der Schutz des Urhebers gegen Werkänderungen, Dissertation, München 1988.

Schlemm, Wilhelm:
Zum Leistungsschutzrecht der Musiktonmeister, UFITA 105 (1987), S.17-27.

Schlingloff, Jochen:
Unfreie Benutzung und Zitierfreiheit bei urheberrechtlich geschützten Werken der Musik, Dissertation, Frankfurt, Bern, New York 1990.

Schmidt, Karsten:
Urheberrechtlicher Werkbegriff und Gegenwartskunst - Krise oder Bewährung eines gesetzlichen Konzepts?, UFITA 77 (1976), S.1-51.

Schmieder, Hans-Heinrich:
Geistige Schöpfung als Auswahl und Bekenntnis, UFITA 52 (1969), S.107-114.

Schmieder, Hans-Heinrich:
Der Wettbewerbsgedanke im Urheberrecht, UFITA 80 (1977), S.127-141.

Schmieder, Hans-Heinrich:
Freiheit der Kunst und freie Benutzung urheberrechtlich geschützter Werke, UFITA 93 (1982), S.63-71.

Schmieder, Hans- Heinrich:
Musikkultur, Medientechnik und Urheberrecht, NJW 1985, S.2105-2112.

Schneider, Albrecht:
Sound, Effekt, Musikerlebnis, Musikinstrument, Band 31, 1982, S.1283-1285.

Schneider, Albrecht:
GEMA-Vermutung, Werkbegriff und das Problem sog. „GEMA-freier Musik", GRUR 1986, S.657-663.

Schneider, Albrecht:
Traditional, Entlehnung, Werkbegriff: Anmerkungen zu den Entscheidungen „Brown Girl I"/ „Brown Girl II" des BGH, GRUR 1992, S.82-85.

Schorn, Franz:
Zum Leistungsschutz nach deutschem Recht, GRUR 1978, S.230-232.

Schorn, Franz:
Zur Frage der Änderung von §87 III und anderer Vorschriften des Urheberrechtsgesetzes im Rahmen der Urheberrechtsreform, GRUR 1982, S.644-650.

Schorn, Franz:
Sounds von der Datenbank, GRUR 1989, S.579f.

Schramm, Balthasar:
Sample-Computer und das Recht der Musik, Dissertation, Münster, Hamburg 1992, (zitiert: B. Schramm).

Schramm, Carl:
Die schöpferische Leistung, Berlin, Köln 1957, (zitiert: C. Schramm).

Schraube, Konrad:
Der Schutz der „kleinen Münze" im Urheberrecht, UFITA 61 (1971), S.127-144.

Schricker, Gerhard:
Anmerkung zu BGH GRUR 1984, S.730-733 - „Filmregisseur", GRUR 1984, S.733f.

Schricker, Gerhard:
Neue Technologie - Neues Urheberrecht?, in: International Publishers Association/Börsenverein des Deutschen Buchhandels (Hrsg.), Internationales Urheberrechts-Symposium, München 1986, S.216-227, (zitiert: Schricker, Neue Technologie).

Schricker, Gerhard:
Urheberrecht, Kommentar, München 1987, (zitiert: Schricker/Bearbeiter, UrhG).

Schulte-Beckhausen, Thomas:
Das Verhältnis des §1 UWG zu den gewerblichen Schutzrechten und zum Urheberrecht, Dissertation, Bonn 1994.

Schulze, Gernot:
Die kleine Münze und ihre Abgrenzungsproblematik bei den Werkarten des Urheberrechts, Schriftenreihe der UFITA Heft 66, Dissertation, Freiburg 1983,
(zitiert: Schulze, Kleine Münze).

Schulze, Gernot:
Werturteil und Objektivität im Urheberrecht, GRUR 1984, S.400-417.

Schulze, Gernot:
Der Schutz der kleinen Münze im Urheberrecht, GRUR 1987, S.769-778.

Schulze, Gernot:
Sind neue Leistungsschutzrechte erforderlich?, ZUM 1989, S.53-64.

Schulze, Gernot:
Meine Rechte als Urheber, 2. Auflage, München 1994,
(zitiert: Schulze, Rechte als Urheber).

Schulze, Gernot:
Urheberrecht und neue Musiktechnologien, ZUM 1994, S.15-24.

Schwenzer, Oliver:
Urheberrechtliche Fragen der „kleinen Münze" in der Popmusikproduktion, ZUM 1996, S.584-590.

Spiess, Andreas:
Urheber- und wettbewerbsrechtliche Probleme des Sampling in der Popmusik, ZUM 1991, S.524-535.

Söllner, Alfred:
Zum verfassungsrechtlichen Schutz des geistigen Eigentums,
in: Loewenheim/Raiser (Hrsg.), Festschrift für Fritz Traub, Frankfurt 1994, S.367-374,
(zitiert: Söllner, FS für Traub).

Souster, Tim:
Elektronik in der Rockmusik, in: Pütz/Schmidt (Hrsg.), musik international, Köln 1975, S.125-134,
(zitiert: Souster, musik international).

Stein, Thomas M.:
Music made in Germany, in: Moser/Scheuermann (Hrsg.), Handbuch der Musikwirtschaft, Starnberg/München 1992, S.60-68, (zitiert: Stein, Handbuch der Musikwirtschaft).

Straus, Joseph:
Der Schutz der ausübenden Künstler und das Rom-Abkommen von 1961 - Eine retrospektive Betrachtung, GRUR Int. 1985, S.19-29.

Stroh, Wolfgang Martin:
Musikalische Rebellion gegen Musikcomputer?, Neue Zeitschrift für Musik 5/1990, S.3-9.

Stroppe, Heribert:
Physik, Leipzig 1990.

Tenschert, Holger Johannes:
Ist der Sound urheberrechtlich schützbar?, ZUM 1987, S.612-622.

Tetzner, Heinrich:
Das „Werk der Musik" in der Neuen Musik, JZ 1975, S.649-658.

Thoms, Frank:
Der urheberrechtliche Schutz der kleinen Münze, Dissertation, München 1980.

Traub, Fritz:
Der Schutz von Werbeslogans im gewerblichen Rechtsschutz, GRUR 1973, S.186-192.

Traub, Fritz:
Umformung in einen anderen Werkstoff oder eine andere Dimension, UFITA 80 (1977), S.159-171.

Traub, Fritz:
Wettbewerbsrechtliche Nachahmungstatbestände und Klagebefugnis der Wettbewerber, in: Westermann/Rosener (Hrsg.), Festschrift für Karl-Heinz Quack, Berlin, New York 1991, (zitiert: Traub, FS für Quack).

Uchtenhagen, Ulrich:
Neue technische Verfahren zum Festhalten und Verbreiten von Werken der Literatur und Kunst, UFITA 114 (1990), S.19-43.

Ulmer, Eugen:
Der urheberrechtliche Werkbegriff und die moderne Kunst, GRUR 1968, S.527-530.

Ulmer, Eugen:
Einspeicherung und Wiedergewinnung urheberrechtlich geschützter Werke durch Computer-Anlagen, GRUR 1971, S.297-303.

Ulmer, Eugen:
Urheber- und Verlagsrecht, 3.Auflage, Berlin, Heidelberg, New York 1980

Vogt, Fabian:
Als Star wird man nicht geboren, zum Star wird man gemacht, Rockmusiker 3/95, S.15f.

Vogt, Matthias Theodor:
Grenzen der Akousmatik. Kleine Reflexionen zur Musik vom Computer, Neue Zeitschrift für Musik 4/1985, S.35-37.

Wadle, Elmar:
Die Entfaltung des Urheberrechts als Antwort auf technische Neuerungen, in: Technikgeschichte 52 (1985), S.233-243.

Walch, Erich:
Ergänzender Leistungsschutz nach §1 UWG, Dissertation, Köln, Berlin, Bonn, München 1992.

Weissthanner, Margot:
Urheberrechtliche Probleme Neuer Musik, München 1974.

Weßling, Bernhard:
Der zivilrechtliche Schutz gegen digitales Sound-Sampling, Dissertation, Baden-Baden 1995.

Wiedersheim, Volker:
Musik aus Datennetzen, Rockmusiker 3/1994, S.15f.

Willke, Ralf:
Korg Wavestation Synthesizer, Keyboards 9/1990, S.110-119.

Windisch, Ernst:
Beziehungen zwischen Urheber-, Erfinder-, Programmier- und Tonaufnahmeleistungen, GRUR 1980, S.587-592.

Wolpert, Fritz:
Der Schutz der Melodie im neuen Urheberrechtsgesetz, UFITA 50 (1967), S.769-835.

Ziegenrücker, Wieland:
Allgemeine Musiklehre, 8. Auflage, Mainz 1985.

Ziegenrücker, Wieland; Wicke, Peter:
Sachlexikon Popularmusik, 2. Auflage, München 1989.

Rechtsprechungsverzeichnis:

BVerfG vom 7.7.1971 - 1 BvR 765/66 - „Schulbuch“, BVerfGE 31, S.229-248.

BVerfG vom 25.10.1978 - 1 BvR 352/71 - „Kirchenmusik“, BVerfGE 49, S.382-405.

BVerfG vom 11.10.1988 - 1 BvR 743/86 - „Vollzugsanstalten“, BVerfGE 79, S.29-47.

BVerfG vom 23.1.1990 - 1 BvR 306/86 - „Bob Dylan“, BVerfGE 81, S.208-228.

RG vom 7.10.1910 - VI 344/09, RGZ 73, S.294-298.

RG vom 18.12.1912 - I 4/12, RGZ 81, S.120-125.

RG vom 27.5.1924 - II 332/23, RGZ 108, S.272-276.

RG vom 16.3.1927 - I 385/26, RGZ 116, S.292-306.

RG vom 14.11.1936 - I 124/36 - „Rundfunksendung“, RGZ 153, S.1-29.

BGH vom 26.10.1951 - I ZR 8/51 - „Constanze I“, BGHZ 3, S.270-285.

BGH vom 22.1.1952 - I ZR 68/51 - „Hummel-Figuren I“, BGHZ 5, S.1-12.

BGH vom 21.4.1953 - I ZR 110/52 - „Lied der Wildbahn I“, BGHZ 9, S.262-270.

BGH vom 6.11.1953 - I ZR 97/52 - „Lautsprecherübertragung“, BGHZ 11, S.135-151.

BGH vom 6.7.1954 - I ZR 38/53 - „Constanze II“, BGHZ 14, S.163-179.

BGH vom 18.5.1955 - I ZR 8/54 - „Magnettonband“, BGHZ 17, S.266-296

BGH vom 20.9.1955 - I ZR 194/53 - „Praktischer Ratgeber“, BGHZ 18, S.175-184.

BGH vom 20.12.1955 - I ZR 24/54 - „Kurverwaltung“, BGHZ 19, S.299-309.

BGH vom 27.1.1956 - I ZR 146/54 - „Anzeigenblatt“, BGHZ 19, S.392-400.

BGH vom 4.2.1958 - I ZR 48/57 - „Lili Marleen“, GRUR 1958, S.402-405.

BGH vom 30.5.1958 - I ZR 21/57 - „Candida-Schrift“, BGHZ 27, S.351-360.

BGH vom 17.10.1958 - I ZR 180/57 - „Verkehrskinderlied“, BGHZ 28, S.234-244.

BGH vom 25.11.1958 - I ZR 15/58 - „Einheitsfahrschein“, GRUR 1959, S.251-253.

BGH vom 9.12.1958 - I ZR 112/57 - „Rosenthal-Vase“, GRUR 1959, S.289-293.

BGH vom 27.11.1959 - I ZR 24/58 - „Simili-Schmuck“, GRUR 1960, S.244-246.

BGH vom 31.5.1960 - I ZR 64/58, BGHZ 33, S.20-38.

BGH vom 23.6.1961 - I ZR 105/59, GRUR 1961, S.631-634.

BGH vom 27.2.1962 - I ZR 118/60 - „AKI“, BGHZ 37, S.1-30.

BGH vom 22.5.1962 - I ZR 20/60 - „Bad auf der Tenne II“, GRUR 1962, S.531-534.

BGH vom 27.3.1963 - Ib ZR 129/61 - „Rechenschieber“, BGHZ 39, S.306-312.

BGH vom 3.7.1964 - Ib ZR 146/62 - „Stadtplan“, GRUR 1965, S.45-49.

BGH vom 13.10.1965 - Ib ZR 111/63 - „Apfel-Madonna“, BGHZ 44, S.288-303.

BGH vom 3.11.1967 - Ib ZR 123/65 - „Haselnuß“, GRUR 1968, S.321-328.

BGH vom 5.6.1970 - I ZR 44/68 - „Magdalenenarie“, GRUR 1971, S.266-269.

BGH vom 26.4.1974 - I ZR 137/72 - „Kassettenfilm“, GRUR 1974, S.786-789.

BGH vom 14.4.1978 - I ZR 111/76 - „Vervielfältigungsstücke“, GRUR 1978, S.474-477.

BGH vom 26.9.1980 - I ZR 17/78 - „Dirlada“, GRUR 1981, S.267-269.

BGH vom 14.11.1980 - I ZR 73/78 - „Quizmaster“, GRUR 1981, S.419-422.

BGH vom 21.11.1980 - I ZR 106/78 - „Staatsexamensarbeit“, GRUR 1981, S.352-355.

BGH vom 27.2.1981 - I ZR 29/79 - „Fragensammlung“, GRUR 1981, S.521-523.

BGH vom 27.5.1982 - I ZR 114/80 - „Tonmeister“, GRUR 1983, S.22-25.

BGH vom 27.1.1983 - I ZR 177/80 - „Brombeer-Muster“, GRUR 1983, S.377-379.

BGH vom 17.2.1983 - I ZR 194/80 - „Geldmafiosi“, GRUR 1983, S.379-382.

BGH vom 24.11.1983 - I ZR 147/81 - „Filmregisseur“, GRUR 1984, S.730-733.

BGH vom 6.2.1985 - I ZR 179/82 - „Happening“, GRUR 1985, S.529-530.

BGH vom 9.5.1985 - I ZR 52/83 - „Inkasso-Programm“, GRUR 1985, S.1041-1049.

BGH vom 14.11.1985 - I ZR 68/83 - „Bob Dylan“, GRUR 1986, S.454-456.

BGH vom 6.2.1986 - I ZR 98/84 - „Notenstichbilder“,
GRUR 1986, S.895f.

BGH vom 20.3.1986 - I ZR 13/84 - „Gastrokritiker“,
ZIP 1986, S.1011-1014.

BGH vom 17.4.1986 - I ZR 123/83 - „Anwaltsschriftsatz“,
GRUR 1986, S.739-741.

BGH vom 22.5.1986 - I ZR 72/84 - „Frank der Tat“,
GRUR 1986, S.898-900.

BGH vom 20.11.1986 - I ZR 188/84 - „Die Zauberflöte“,
GRUR 1987, S.814-817.

BGH vom 12.3.1987 - I ZR 71/85 - „Warenzeichenlexika“,
GRUR 1987, S.704-706.

BGH vom 10.12.1987 - I ZR 221/85 - „Informationsdienst“,
GRUR 1988, S.308-310.

BGH vom 3.2.1988 - I ZR 142/86 - „Ein bißchen Frieden“,
GRUR 1988, S.812-815.

BGH vom 3.2.1988 - I ZR 143/86 - „Fantasy“,
NJW 1989, S.386-387.

BGH vom 21.2.1989 - I ZR 7/88 - „Krankentransportbestellung“,
GRUR 1989, S.430f.

BGH vom 21.6.1990 - 1 StR 477/89 - „Opus Pistorum“,
NJW 1990, S.3026-3029.

BGH vom 24.1.1991 - I ZR 72/89 - „Brown Girl II“,
GRUR 1991, S.533-535.

OLG Frankfurt vom 21.7.1983 - 6 U 16/83 - „Donkey Kong Junior“,
GRUR 1983, S.757f.

OLG Hamburg vom 20.5.1976 - 3 U 190/75 - „Staatstheater“,
GRUR 1976, S.708-711.

OLG Hamburg vom 18.4.1991 - 3 W 38/91 - „Tonträgersampling“, GRUR Int. 1992, S.390f.

OLG Hamburg vom 16.5.1991 - 3 U 237/90 - ZUM 1991, S.545-549.

OLG Hamburg vom 4.11.1993 - 3 U 119/93 - ZUM 1995, S.52-57.

OLG Koblenz vom 14.7.1967 - 2 U 14/67 - „Liebeshändel in Chioggia“, GRUR Int. 1968, S.164f.

OLG Köln vom 11.1.1984 - 6 U 220/82 - „Tonmeister II“, GRUR 1984, S.345-347.

OLG Köln vom 6.12.1991 - 6 U 106/91 - „Prince“, GRUR 1992, S.388-390.

OLG München vom 13.10.1988 - 6 U 4002/88 - ZUM 1989, S.309f.

LG Hamburg vom 11.7.1975 - 74 O 14/75 - „Rundfunksprecher“, GRUR 1976, S.151-153.

Begriffserläuterungen:

Algorithmus

ein durch Regeln festgelegter Rechenvorgang, der zyklisch wiederkehrende Gesetzmäßigkeiten aufweisen kann. Von besonderer Bedeutung sind Algorithmen für die Lösung mathematischer Aufgaben mit Hilfe von Computern.

Amplitude

maximale Auslenkung einer Schwingung vom Nullpunkt. Die Amplitude bestimmt die Lautstärke der Schwingung (vgl. S.34, Abbildung 2).

Analog-Digital-Wandler

wandelt analoge Signale in digitale Signale um (vgl. S.51f.).

Binärcode

arbeitet nur mit zwei Zuständen, z.B. mit einer Unterscheidung in Nullen und Einsen (vgl. S.52).

Compact Disc (CD)

Tonträger, auf dem Aufnahmen in digitaler Form gespeichert sind. Hat die herkömmliche Schallplatte weitgehend verdrängt.

Diskette

Speichermedium, das bei Computern und elektronischen Musikinstrumenten für die Speicherung von Daten eingesetzt wird.

Diskjockey

ist ursprünglich der Gestalter des Musikprogramms und Moderator in Diskotheken. Insbesondere in vielen Bereichen der sog. Dance-Musik hat er aber längst eine weitaus bedeutendere Funktion erlangt (vgl. S.22).

Drumcomputer

auf die Nachahmung von Schlagzeugsounds spezialisiertes elektronisches Musikinstrument, in das in der Regel zudem ein Sequenzer integriert ist.

Effektgeräte

Zusatzgeräte zur Klangbearbeitung, bspw. Hallgeräte zur Erzeugung eines künstlichen Raumklanges.

Envelope-Generator

dient in Synthesizern der Erzeugung von Hüllkurven, d.h. zeitabhängigen Verläufen eines Klanges (vgl. S.45f.).

Frequenz

bestimmt die Tonhöhe einer Schwingung und ergibt sich aus der Anzahl der Schwingungsdurchgänge pro Zeiteinheit. Die Frequenz wird in der Einheit Hertz (HZ), d.h. Schwingungen pro Sekunde ausgedrückt (vgl. S.34).

Hüllkurve

erhält man, indem man die Veränderung der Amplitude einer Schwingung mit einer durchgezogenen Linie umhüllt (vgl. S.36).

Keyboard

der Begriff hat verschiedene Bedeutungen: (1) Tasteninstrument; (2) Klaviatur (Tastatur) eines Tasteninstruments; (3) Tastatur eines Computers.

Klangfarbe

charakteristische Prägung eines Klanges, die insbesondere durch dessen Obertonspektrum bestimmt wird (vgl. S.35f.).

Klangmodul

einzelner Baustein eines analogen Synthesizers (vgl. S.42ff.).

Low Frequency Oscillator (LFO)

spezieller Oszillator, der sehr niedrige Frequenzen erzeugen kann (vgl. S.46f.).

MIDI

Abkürzung für „Musical Instrument Digital Interface". Genormte Schnittstelle für elektronische Musikinstrumente, mit deren Hilfe der Austausch musiktechnischer Informationen, wie z.B. Tonhöhe und Tondauer, zwischen allen Instrumenten, die mit MIDI ausgerüstet sind, möglich ist (vgl. S.51).

Oberton

bestimmt die Klangfarbe eines Klanges (vgl. S.35f.).

Oszillator

Schwingungserzeuger, der verschiedene Schwingungen erzeugen kann (vgl. S.42f.).

Pattern

kurze rhythmische oder harmonische Einheiten, die beliebig oft wiederholt werden können.

Polyphonie

bedeutet, daß ein Synthesizer nicht nur monophon, d.h. einstimmig, sondern mehrstimmig spielbar ist (vgl. S.47, 50f.).

Resonanz

bestimmt die Klangfarbe mit (vgl. S.36).

Sampler

elektronisches Musikinstrument, mit dem beliebige Klänge digitalisiert und bearbeitet werden können (vgl. S.51ff.).

Sequenzer

ermöglicht es, vorher programmierte klangliche Abläufe automatisch abspielen zu lassen (vgl. S.48).

Sinusschwingung

Grundelement eines jeden Klanges (vgl. S.32ff.).

Sound

einer der meistverwendeten und zugleich vieldeutigsten Begriffe in der Popularmusik. Aus dem Englischen übersetzt bedeutet Sound soviel wie Klang, Schall oder Klangfarbe (vgl. S.25f.).

Sound-Cartridge

Speicherkarte zur Archivierung von Klangdaten elektronischer Musikinstrumente.

Sounddesigner

Personen, die sich auf die Erschaffung neuer Klänge für elektronische Musikinstrumente spezialisiert haben (vgl. S.55).

Synthesizer

elektronisches Musikinstrument, dessen Name von dem englischen Verb „to synthesize" (zusammenfügen, zusammensetzen) stammt. Dementsprechend erzeugen Synthesizer ihre Klänge in der Regel dadurch, daß mit programmierbaren Bausteinen ein Klang aus vielen einzelnen Bestandteilen zu einem Ganzen zusammengefügt wird (vgl. S.41ff.).

Synthesizerstimme

separate Stimme eines Synthesizers oder Samplers. Die Anzahl der Stimmen begrenzt die Polyphonie (vgl. S.47, 50f.).

Voltage Controlled Amplifier (VCA)

spannungsgesteuerter Verstärker in einem analogen Synthesizer (vgl. S.43ff.).

Voltage Controlled Filter (VCF)

spannungsgesteuerter Filter in einem analogen Synthesizer (vgl. S.43, 45).

Voltage Controlled Oscillator (VCO)

spannungsgesteuerter Oszillator in einem analogen Synthesizer (vgl. S.42ff.).

Printed by
CPI books GmbH, Leck

FSC
www.fsc.org
MIX
Papier | Fördert gute Waldnutzung
FSC® C083411

Kolibri 360 GmbH
Ferdinand-Jühlke-Straße 7
99095 Erfurt, Deutschland
produktsicherheit@kolibri360.de